Bonner Bahnhof ohne Vorplatz – Warum?

*Gewidmet allen,
die sich für eine
lebens- und liebenswerte Stadt Bonn
eingesetzt haben und weiterhin einsetzen*

Bonner Bahnhof ohne Vorplatz – Warum?

Stadtentwicklung auf dem Abstellgleis
Eine Dokumentation

Herausgegeben von
Günter Bergerhoff und Heinz Schott

Im Auftrag des Vereins
Pro Bahnhofsvorplatz Bonn e. V.

BoD – Books on Demand

Bibliografische Information der Deutschen Nationalbibliothek:

Die Deutsche Nationalbibliothek verzeichnet diese Publikation in der Deutschen Nationalbibliografie; detaillierte bibliografische Daten sind im Internet über www.dnb.de abrufbar.

Coverbild:
Blick von der Poststraße auf den Bonner Hauptbahnhof
(noch mit Bauzaun rechts)
(Foto: Johannes Schott, 31.03.2020)

Herstellung und Verlag: BoD – Books on Demand, Norderstedt.

ISBN: 9783750451834

Vorwort der Herausgeber

Mit Vollendung des Gebäudekomplexes „Urban Soul" im Jahr 2020 ist der Traum von einem funktionalen und attraktiven Bahnhofsvorplatz ausgeträumt. Wo ein einladendes Portal in die Bonner Innenstadt hätte entstehen können, erheben sich jetzt gewaltige Baukörper („Klötze"), die nicht nur den historischen Hauptbahnhof bedrängen, sondern auch die Maximilianstraße in eine verschattete Gasse verwandeln. Angesichts des Verschwindens eines nennenswerten Bahnhofsvorplatzes beschloss der 2006 gegründete Verein Pro Bahnhofsvorplatz Bonn e.V. sich aufzulösen. Das vorliegende Büchlein stellt seine letzte Aktivität dar – ein Abschiedsgeschenk der besonderen Art.

Es dokumentiert nicht nur die jahrzehntelange Auseinandersetzung mit der Gestaltung des Platzes vor dem Hauptbahnhof, sondern thematisiert zugleich Defizite der Stadtplanung, mangelnden Gestaltungswillen von Verwaltung und Kommunalpolitik sowie unverbindliche und damit wirkungslose Bürgerbeteiligungen. Das jetzt zu besichtigende Endergebnis ist wenig überzeugend, wie in den einzelnen Beiträgen ausgeführt wird. Vor allem fehlte von Anfang an ein Gesamtkonzept, das Fußgängern, Radfahrern, Bussen und Bahnen und nicht zuletzt der Ästhetik Rechnung getragen hätte – es fehlte schlichtweg an der durchdachten Planung und Gestaltung eines dafür vorzusehenden *Raumes.*

Die Autoren beleuchten aus recht unterschiedlicher Perspektive die Geschichte des Bahnhofsvorplatzes. So ist ein bunter Strauß entstanden, der letztendlich zwei Tatsachen anschaulich belegt: Zum einen die äußerst intensive und viele Jahre andauernde öffentliche Diskussion über die zukünftige Gestaltung des Bahnhofsvorplatzes, zum anderen das unbefriedigende, in Beton gegossene Endergebnis, von dem sich jetzt jeder selbst ein Bild machen kann. Dieses war aus unserer Sicht nicht zwangsläufig und unvermeidbar. Am Schauspiel beteiligt waren Stadtverwaltung und Oberbürgermeister, Kommunalpolitiker und ihre Parteien im Stadtrat, diverse Investoren, kritische Bürger mit ihren Aktionen, Tageszeitungen und andere Medien und schließlich die Bonner Bürgerschaft insgesamt, die sich in Sachen Bahnhofsvorplatz nicht übermäßig engagiert hat. Wer ist nun schuld am Spielausgang?

Unser Büchlein kann vielleicht dazu beitragen, dass grundsätzliche Fragen der Stadtplanung zukünftig besser und befriedigender im demokratischen Diskurs verhandelt und entschieden werden. Dazu ist eine entsprechende politische Kultur mit verbindlichen Regeln notwendig. Wer damals Unterschriften zum Bürgerbegehren gesammelt hat, erinnert sich an viele achselzuckende Passanten, die müde mit dem Satz abwinkten: „Man kann doch eh nix machen!". Leider ist diese Einschätzung realistisch, solange die Bürger nicht direkt – im Rahmen verbindlicher Regularien – regelmäßig an Entscheidungen beteiligt werden.

Wir danken allen Autorinnen und Autoren für ihre Beiträge sowie allen Personen und Einrichtungen, die unser Projekt unterstützt haben. Insbesondere danken wir Frau Dr. Birgitt Redlich für ihre unermüdliche Unterstützung bei der Herstellung dieses Büchleins. Dem General-Anzeiger sei für die freundliche Genehmigung gedankt, eine Reihe von Artikeln, Leserbriefen und Abbildungen zu reproduzieren.

Möge unser Büchlein den Mitgliedern des nun aufgelösten Vereins Pro Bahnhofsvorplatz Bonn und allen, die sich in seinem Sinne eingesetzt haben, zur Erinnerung dienen und in der Öffentlichkeit zu fruchtbaren Diskussionen anregen.

Bonn, im Frühjahr 2020

Günter Bergerhoff und Heinz Schott

Der Hauptbahnhof und sein Vorplatz
Zur Einführung

Günter Bergerhoff

Eine chronologische Einführung

Aus Anlass der Fertigstellung der neuen Gebäude vor dem Bonner Bahnhof im Jahre 2020 gibt der Verein Pro Bahnhofsvorplatz Bonn e.V. einen Rückblick heraus. Er beleuchtet aus der Sicht der Bürger und Bürgerinnen, die allerdings nicht immer alle Begründungen kennen, die turbulente Geschichte der Bebauung auf der Grundlage mehrerer hundert Berichte aus dem Bonner General-Anzeiger, aus Leserbriefen, Drucksachen der Stadt Bonn, amtlichen Schriften der Stadt Bonn, u.a. Wesentlich vertieft ist diese Betrachtung in einer Bachelorarbeit an der Universität Bonn [1].

Mit der demokratischen Verfassung der Bundesrepublik wurden auch die Entscheidungen des Stadtrates zu den Problemen der Bebauung des Areals vor dem Bahnhof durch seine Parteizusammensetzung bestimmt. Die Folgen des dadurch entstehenden, parteibeherrschten Streites um die „richtige" Planung durchziehen alle folgenden Diskussionen im Stadtrat bis heute [5]. Im Hintergrund steht eine Stadtverwaltung, die für diese Diskussionen eigentlich eine vollständige Information über die technischen, gesetzlichen und finanziellen Bedingungen liefern müsste. Seit der Zusammenlegung 1995 des Amtes des Oberstadtdirektors als Verwaltungschef mit dem des Oberbürgermeisters als Ratsvorsitzenden scheint die Verwaltung noch selbständiger geworden zu sein und bestimmt durch die „richtigen" Informationen den Verlauf der Diskussion im Stadtrat.

Der Ablauf der Ereignisse dokumentiert auch die Beziehung zwischen dem Rat und den Bürgern und Bürgerinnen der Stadt. Sie ist ein Beispiel für das Verhältnis zwischen einer „Regierung" und ihrem „Volk", das heute nur Vertreter von Parteien wählen kann.

Diese sind als Stadtverordnete in ein System gebunden, das im Grunde vor allem Prinzipien für eine große, staatliche Politik aufstellt, aber nur sehr indirekt die lokalen Probleme einer Stadt behandelt. Darüber hinaus sind die Mitglieder des Rates der Stadt bei ihren Entscheidungen von einer gründlichen Information durch eine Stadtverwaltung abhängig, die anscheinend häufig zu wünschen übrig lässt.

„Unser Staat ist in allen Sphären von Parteien durchdrungen, sodass in der Praxis eine Trennung in breite Grauzonen nicht mehr möglich ist. Das ist zwar ein Riesenproblem, denn die Parteien verfolgen ihre eigenen Interessen, die mit denen der Bevölkerung keineswegs übereinzustimmen brauchen. Inzwischen hat man aber davor kapituliert". (Herbert von Arnim, zitiert nach *Die Welt* vom 12.April 2017).

Die spärlichen Versuche einer Beteiligung der betroffenen Bevölkerung durch Online-Befragungen, Bürgerwerkstätten und Bürgerentscheide sind in Bonn bis jetzt weitgehend ins Leere gelaufen. Stadtplanung ist eine Aufgabe, die in Einzelheiten sicher von Fachleuten überprüft werden muss, aber in ihren Grundsätzen durch die Bevölkerung der Stadt konzipiert werden sollte. Man kann nur hoffen, dass sich eines Tages bessere und verbindlichere Wege der Entscheidungsfindung zu einer wirklich demokratischen Methode entwickeln.

Zunächst soll ein chronologischer Überblick in die aktuelle Problematik einführen.

Mit der Entwicklung des Eisenbahnverkehrs im 19.Jahrhundert erhielt auch Bonn 1843 einen ersten Bahnhof vor der noch existierenden Befestigungsanlage [2] (Foto: [4], S. 26). Aber 1883 wurde der heute noch bestehende neue Bahnhof errichtet. Die architektonische Qualität des Bahnhofgebäudes schildert eindrücklich der Aufsatz von Olga Sonntag [2]. Das Gebäude steht seit 1986 unter Denkmalschutz. (Fotos: [2], S.197, 200 und 209; [4], S.103).

Der Bahnhof brauchte einen Eingang in die Stadt, die allerdings vorerst nur durch einen „Trampelpfad" erreichbar war ([2], S.210), denn es bestanden noch Teile der Festungsmauern (Fotos: [4], S. 38, 49). Dank einer

Bürgerinitiatve im Jahre 1885 [!] wurde der Zugang zur Stadt verbessert und damit die heutige Poststrasse gebildet (Foto: [2], S. 212).

In der Front des Bahnhofs, zwischen der Strasse am Bahnhof und der Maximilianstrasse, entstanden bemerkenswerte Privat- und Geschäftshäuser in einem Stil, den heute noch einige Häuser der Ostseite der Maximilianstrasse zeigen. Auch im 2.Weltkrieg blieben sie weitgehend unbeschädigt.

Mit der wachsenden Bedeutung der Stadt nach dem 2.Weltkrieg wurde eine neue Verkehrsplanung notwendig.

Professor Leibbrand (1914-1985), Zürich, wird 1957 mit einer Planung beauftragt, die aber nicht umgesetzt wird.

1969 beschliesst der Stadtrat eine U-Bahn-Strecke am Bahnhof vorbei in die Adenauerallee zu bauen. Der Bau sollte in offener Bauweise erfolgen. Daher werden die Häuser zwischen Maximilianstr und der Strasse am Bahnhof von der Thomas-Mann-Strasse bis zum Kaiserplatz abgerissen - einschliesslich des alten Pavillons der Kaiserhalle. Das Gelände erwirbt die Stadt.

Für das Bahnhofsumfeld werden Städteplaner mit der Planung beauftragt. Eine erste Planung der Firma Bredero, die in Bonn bereits mehrere Bauwerke errichtet hatte, wurde 1972 verworfen.

1974 legt der Stararchitekt Friedrich Spengelin (1925-2016) ausführliche Entwürfe vor. Namhafte Bonner Kunsthistoriker und vor allen Prof.-Lützeler (1902-1988) [5] sagen im General-Anzeiger Bonn am 11.1.1977 in einer ausführlichen Kritik an den Plänen Spengelins: „Jetzt droht Bonn sich selbst zu zerstören" und „Die Ratsherren sind Schuld an unserem neuen städtebaulichen Elend". Trotz dieses energischen Protestes wird 1976 ein Neubau südlich der Poststrasse errichtet, der mehr als 40 Eigentümer bekommt. Er wird mit dem Hotel Continental als Südüberbauung bekannt (Foto [2], S. 223).

Ein terrassierter Platz entsteht zwischen Bahnhof-, Post- und Maximilianstrasse mit Zugang vom Untergeschoss des Bahnhofs ([1], S. 15 ff.). Durch ihn ist die Poststrasse durch eine Treppe erreichbar. Nach anfänglicher Pflege ist dieser Platz später verkommen und erhält den Spitznamen „Bonner Loch".

Das „Nordfeld" nördlich von Poststrasse und „Bonner Loch", zwischen Maximilianstrasse und Bahnhofstrasse erhält nun neben dem „Bonner Loch" einen schmalen Grünstreifen und wird im grösseren Teil zu einem viel genutzten Parkplatz für ca. 80 PKW. Die Parkgebühren vereinnahmt die Stadt.

Zu dem jetzigen Zustand kommt es, weil zahlreiche Planungen immer wieder verworfen werden. Darunter z.B. die 1986 von Professor Oswald Ungers (1926-2007) entwickelte Idee einer Überdeckung von Bahnhof und gegenüber entstehenden Gebäuden durch ein Glasdach. Dazu zieht Olga Sonntag ausführliche internationale Vergleiche [2]. Es wird abgelehnt.1998 entwickelt die Firma WestProjekt & Consult ein weiteres Projekt, vor dem der Rat zurückschreckt. Ein Interessenbekundungsverfahren 2001 führt zur Firma Brune/Concepta. Nach deren Planung soll die gesamte Fläche von Thomas-Mann-Strasse bis zum Kaiserplatz - einschliesslich des Omnibusbahnhofes - durchgehend bebaut werden. Trotz Kritik hält die Oberbügermeisterin Bärbel Dieckmann (SPD) dieses Projekt „als unverzichtbar für die Zukunft der City".

Die Ablehnung der Bürger und Bürgerinnen ist aber so groß, daß sich eine Aktionsgemeinschaft aus zahlreichen Gruppen und Einzelpersonen bildet, die ein Bürgerbegehren vorbereitet (siehe die betreffende Dokumentation in diesem Band).

Dazu gehören:
- Arbeitsgemeinschaft der Bonner Heimat-, Geschichts- und Denkmalvereine
- Arbeitskreis zur Erhaltung des historischen Stadtgefüges von Bonn
- Bonn im Wandel
- Studentische Gruppe Baukultur
- Verkehrsforum Bonner Bürgerinitiativen

Fraktionschef Wilfried Klein (SPD) warnt zwar, „die Chance für eine Neugestaltung nicht zu verspielen". Bis zum 3.9.2004 werden jedoch 25.685 Unterschriften gesammelt, von denen 18.100 als gültig anerkannt werden. Der Rat tritt dem Bürgerbegehren bei.

Um die Meinung der Bürger und Bürgerinnen kennen zu lernen, beschliesst die Stadt die Durchführung einer Bürgerwerkstatt für den 23./24.10.2005. Sie wird mit einem „Marktplatz" in der Universität am 17.1.2006 abgeschlossen. Der offizielle Abschlussbericht hält den Verlauf und die Ergebnisse fest. [6].

Am 10.4.2006 wird der Verein Pro Bahnhofsvorplatz e.V. gegründet mit der Absicht, den Stimmen der Bürger und Bürgerinnen mehr Gewicht zu geben (siehe Satzung, S. 67-72). Er hatte bald viele Mitglieder. Allerdings werden seine Vorschläge und Anregungen von der Stadt völlig übergangen. Die Mitglieder sind enttäuscht und ziehen sich immer mehr zurück. Nach den endgültigen Entscheidungen für neue Bauten durch ten Brinke und „Urban Soul" und deren Baubeginn im Jahre 2017 beschließt der Verein, sich in absehbarer Zeit aufzulösen.

In den Diskussionen der Stadt nach der Bürgerwerkstatt rückte das Problem „Südüberbauung" in den Vordergrund. Das Gebäude war inzwischen stark vernachlässigt. Die Vielzahl der Eigentümer machte jede Aussicht auf eine Renovierung oder gar einen Abriss aussichtslos. Da meldete sich der holländische Investor Sevenheck mit der Absicht, das Gebäude zu kaufen und neu zu gestalten. Es gelang ihm aber nicht, die Eigentümer zu überzeugen und schließlich stellte sich heraus, dass seine Seriosität sehr fraglich war. Die Vorwürfe waren so schwerwiegend, dass er sich nicht mehr nach Bonn wagen durfte, weil er eine Verhaftung befürchten musste. 2016 gelang es einem anderen holländischen Investor, ten Brinke, das Gebäude zu einem stolzen Preis zu erwerben. Ten Brinke: „es ist das teuerste Grundstück in Bonn". 2017 wurde die „Südüberbauung" abgerissen. Es wurde deutlich, welch eindrucksvoller und einladender Blick auf die Stadt mit ihrem Münster für die Reisenden am Bahnhof entstehen könnte. Stattdessen entstand hier ab 2018 ein neuer „Klotz".

Die Grösse des „Nordfeldes" macht offenbar die Ausschreibung eines internationalen Wettbewerbes erforderlich. Die Vielzahl der Schritte bis zum Bau von „Urban Soul" können hier nicht im Einzelnen dargestellt werden. Mehr oder weniger willkürlich ausgewählte Texte beleuchten aber den Gang der Dinge, wobei die Ergebnisse der Bürgerwerkstatt von 2005/2006 überhaupt keine Rolle mehr spielen.

Von: "Stefan Schmitz" <stefan.schmitz@..........>
Betreff: AW: Bahnhofsvorplatz Bonn
Datum: Wed, 11 Nov 2009 19:57:04 +0100

Kurzer Sachstandbericht: Nachdem Sevenheck nochmal Dampf gemacht hat, werde ich kurzfristig von der Stadt Bonn beauftragt, um zwischen den Interessen der Stadt und dem Investor abzustimmen. Hier geht es um Fassaden, Anlieferung, Untergeschoss, Baufluchten etc.

Leider soll sich meine Beauftragung nur auf die Südüberbauung beziehen, obwohl diese einen wesentlichen Einfluß auf das noch ungeklärte städtebauliche Umfeld hat (Fluchten Nordüberbauung, Busbahnhof). Wenn durch die Südüberbauung jetzt Pflöcke für die weitere städtebauliche Entwicklung entlang der Bahnhofsstraße eingeschlagen werden, läßt sich dies später nicht einfach wieder rückgängig machen.

Mir erscheint es sehr notwendig, die Baufluchten Nordüberbauung und Planung des Busbahnhofes in den weiteren Planungsprozess der Südüberbauung mit einzubeziehen. Man muß die Bebauung entlang der Bahnhofsstrasse als Ganzes betrachten, um gute Lösungen für nachbarliche Grundstücke nicht zu verbauen. Das gilt vor allem für den Busbahnhof. Ich bitte in diesem Punkt um Ihre Unterstützung.

24.01.2016 Leserbrief an den GA [unveröffentlicht]

Mit seinem Bericht zur Lage am Bahnhofsvorplatz macht der GA am 21.1.2016 noch einmal deutlich, wie unmöglich sich die Planungssituation dort entwickelt hat. Nicht nur dass die Vorstellungen der Bürger in der Bürgerwerkstatt 2006 überhaupt keine Rolle spielen, es werden nicht einmal die Grundsätze des Schmitz-Konzeptes eingehalten. Und mit dem Wegfall einer breiten Treppe aus der Poststraße zur U-Bahn wird eine katastrophale Situation für die Schar der Fußgänger geschaffen, die täglich zwischen Stadt und Bahnhof strömt.

Man fragt sich wirklich, was die Entscheider in Verwaltung und Rat bewogen hat, diesem Konzept zuzustimmen. Das Projekt „Urban Soul" zu benennen, ist ein Hohn. Die „städtische Seele" wird jedenfalls total missachtet. Der damalige Stadtbaurat Werner Wingenfeld ist schon nach Aachen „geflohen".

G. Bergerhoff, Bonn

Schliesslich wird das „Nordfeld" ab 2018 von den Developern mit Gebäuden besetzt, die ihm eine „Urban Soul" (d. h. städtische Seele) verleihen sollen?! Von Bahnhofsvorplatz keine Spur!

Damit wird die Entwicklung des Problems „Bahnhofsvorplatz" jetzt zu einem Ende kommen. Die Geschichte dieser Entwicklung dokumentiert aber auch die Beziehung zwischen dem Rat und den Bürgern und Bürgerinnen der Stadt. Sie ist ein Beispiel für das Verhältnis zwischen einer „Regierung" und ihrem „Volk", das sich hoffentlich eines Tages doch zu einem wirklich demokratischen Verhältnis entwickelt, bei dem das „Volk" über bedeutende Vorhaben durch Abstimmung entscheidet.

Literatur zur chronologischen Einführung

[1] Philipp Frederik Huntscha, Der Bonner Bahnhofsvorplatz, Bachelorarbeit Universität Bonn 2014

[1a] Philipp Frederik Huntscha, Bahnhofsvorplatz, Architekturführer der Werkstatt Baukultur Bonn, Band 7, Bonn 2017

[2] Olga Sonntag, Verliert der Bonner Bahnhof zu seinem 100.Geburtstag sein Gesicht? Bonner Geschichtsblätter 34 (1966) 173-224.

[3] Edith Ennen, Dietrich Höroldt, Kleine Geschichte der Stadt Bonn, Bonn 1966.

[4] Rolf Sachsse, Bonn (in Bildern), Hgb. Bonner General-Anzeiger und Stadtarchiv Bonn, Greven Verlag Köln 1980

[5] Heinrich Lützeler, „Jetzt droht Bonn sich selbst zu zerstören", General-Anzeiger Bonn 11.1.1977.

[6] BÜRO BLAU, Frank Baumann, Abschlussbericht der Bürgerwerkstatt Bonn 2004/2005 (Hg. Bundesstadt Bonn, 2006)

Chronik

Zusammengestellt von *Günter Bergerhoff*

1969	Die Häuser entlang der Bahnhofstrasse werden zugunsten des U-Bahnhofes und der Tieferlegung der Strassenbahn abgerissen.
1970	Abriss der Kaiserhalle
1.04.1976	Die „Südüberbauung" wird beschlossen, das „Bonner Loch" entsteht.
11.01.1977	Prof. Lützeler (im General-Anzeiger): Jetzt droht Bonn sich selbst zu zerstören!
1979	Die Südüberbauung wird nach Spengelins Plan errichtet.
1992	Im Auftrag des Wirtschaftsklubs Bonn legt der Architekt Ralph Schweitzer einen Plan vor, der Deckel über dem Bonner Loch und einen Teilabriss der Südüberbauung vorsieht.
vor 1994	Rekonstruktion des historischen Stadtgrundrisses mit Verzicht auf einen Platz vor dem Bahnhof nach dem Plan des Architekten Stefan Schmitz im Auftrag des City-Ausschusses.
1996	Ungers-Halle entfällt nach Bürgerprotest
1998	Rund 150 Millionen Euro will die Firma Investor West-Projekt&Consult in die Neugestaltung des "Eingangstores zur Stadt" investieren – einschließlich Hotel, Büros und Kaiserhalle Vor einer Bauentscheidung schreckt der Rat später zurück: Die OB kündigt dem Investor.
12.12.2002	Der Rat beauftragt mit den Stimmen von CDU, SPD, Grünen und FDP die Verwaltung, das Brune-Konzept (jetzt: Brune/Concepta) "mit der Maßgabe, noch mög-

lichst vor der Sommerpause 2003 eine vertragsreife Konzeption dem Rat zur Beschlussfassung vorzulegen, weiter zu verhandeln". Der Termin platzt; der Investor überarbeitet mehrfach seine Pläne.

April 2004 Bei Grünen und Bürger Bund Bonn (BBB) macht sich Kritik breit, während für OB Dieckmann (SPD) das Projekt "unverzichtbar für die Zukunft der City ist" und Parteichefin Pia Heckes sagt: "Die Pläne sind gut; wir dürfen das Projekt nicht auf die lange Bank schieben".

15.5.2004 Die Aktionsgemeinschaft Bahnhofsvorplatz sammelt Unterschriften für ein – letztlich erfolgreiches – Bürgerbegehren, in dem eine Neuausschreibung des Projektes gefordert wird.

14.6.2004 Gut drei Monate vor der Kommunalwahl beschließt die CDU einen Leitantrag - unter anderem mit der Forderung, die Pläne zu überarbeiten.

19.7.2004 CDU-Chefin Pia Heckes erklärt, es stünden einige alternative Investoren "Gewehr bei Fuß". Namen nennt sie nicht.

30.7.2004 Bärbel Dieckmann entscheidet, den auslaufenden Projektentwicklungsvertrag mit Brune/Concepta "zunächst" nicht zu verlängern.

3.9.2004 SPD-Fraktionschef Wilfried Klein warnt die Aktionsgemeinschaft, die "Chance auf eine Neugestaltung" zu verspielen.

3.9.2004 25.685 Unterschriften unter das Bürgerbegehren werden überreicht, 18.100 werden als gültig anerkannt.

29.11.2004 Nach den Grünen und dem Bürgerbund Bonn (BBB) kündigt auch die CDU an, dem Bürgerbegehren beizutreten.

23./24.10.2005 Eröffnung der Bürgerwerkstatt mit Open-Space-Konferenz.

17.1.2006 Abschluss der Bürgerwerkstatt mit dem "Marktplatz" in der Universität.

10.4.2006	Gründung des Vereins „Pro Bahnhofsvorplatz Bonn e.V."
31.7.2006	Bürgerantrag: zum Fortschritt der Planungen für den Bahnhofsvorplatz.
23.02.2007	Brief an die Oberbürgermeisterin der Stadt Bonn, Frau Bärbel Dieckmann zum Ratsbeschluss vom 31.01.2007 zu den weiteren Planungen für den Bahnhofsvorplatz
20.4.2007	Bürgerantrag: Erstellung eines Gesamtkonzepts vor jeder Weiterplanung bzw. jedem Grundstücksverkauf im Bereich des Bahnhofsvorplatzes Bonn
9.5.2007	Brief an die Oberbürgermeisterin der Stadt Bonn, Frau Bärbel Dieckmann und die Vorsitzenden der Parteien des Rates der Stadt Bonn zur Tausch- und Verkaufsbereitschaft der Eigentümer der Südüberbauung.
15.10.07	Treffen des Vereins Pro Bahnhofsvorplatz Bonn mit Vertretern der GDG (German Development Group), die die Südüberbauung übernehmen will.
Mai 2008	Auslobung eines städtebaulichen Wettbewerbs für den Bahnhofsbereich durch die Stadt.
24.10.08	Die Wettbewerbs-Jury prämiert 4 Entwürfe, die weiter entwickelt werden sollen.
31.12.2008	Genehmigung der Bauvoranfrage der GDG zu Abriss und Neubau der Südüberbauung.
27.1.2009	Präsentation der 4 Entwürfe aus dem Wettbewerb zur Kommentierung durch die Bürger.
25.3.2009	Abschliessende Entscheidung der Wettbewerbs-Jury
7.5.2009	Rat beschliesst Gesamtkonzept für den Bahnhofsbereich (DS 0911068)
Sept. 2009	OB Nimptsch
24.7.2012	Bürgerbegehren zum Nichtverkauf städtischer SÜ-Anteile (aber „nur" 7000 Unterschriften)
Seit 2015	OB Sridharan (siehe Briefwechsel)

Sadek El Banna

Die städtebauliche Entwicklung
des Bahnhofsbereichs Bonn
Eine 50-jährige Planungsgeschichte

Bis Anfang der siebziger Jahre des 20. Jahrhunderts bestand im engen Bahnhofsbereich eine gründerzeitliche Bebauung entlang der Bahnhofstraße sowie ein eingeschossiges Gebäude am südlichen Teil des Kaiserplatzes, die sogenannte „Kaiserhalle". Die Poststraße war auf der gesamten Länge zu beiden Seiten bebaut. Der Omnibusbahnhof war wesentlich kleiner als heute. Während des Zweiten Weltkriegs wurde die Bebauung in direkter Nähe zum Bahnhofsgebäude nur leicht beschädigt. Die Blöcke im östlichen sowie im westlichen Bereich wurden stark beschädigt und abgetragen.. Diese Flächen dienten als Parkplätze.

Bahnhofstraße vor 1970

Poststraße 1970

Luftbildaufnahme des Bahnhofsbereichs vor 1970

1965 wurde ein Gutachten erarbeitet, das die Tieflage der Bundesbahn und der Stadtbahn vorsah. Gleichzeitig sollte parallel hierzu eine tief gelegte Stadtautobahn ausgebaut werden.

1969 wurden im Auftrage einer neugegründeten Stadtentwicklung Bonn - GmbH von einer Bonner Architektengruppe Vorentwürfe zur Planung im engen Bahnhofsbereich vorgelegt, die bis 1977 realisiert werden sollten.

In dem Quartier der „Cassius-Bastei" sollte eine Neubebauung mit bis zu 12 Geschossen entstehen und unmittelbar über mehrere Ebenen mit dem Bahnhof verbunden werden. Der Verkehr und die Stadtbahn sollten tief gelegt werden.

Im Zuge des Stadtbahnbaues wurden 1971 die gründerzeitliche Bebauung und die Kaiserhalle beseitigt, um eine offene Bauweise für die Stadtbahn zu ermöglichen, womit eine starke Veränderung der Stadtstruktur in diesem Bereich entstanden ist.

1972 wurde von der holländischen Firma Bredero, die bereits für die Innenstadt Hannover ein umstrittenes Gutachten erstellt hatte, auch für Bonn ein Gutachten vorgelegt. Dieses Gutachten sah die Überbauung des Bahnhofs und der Gleise vor, um eine Verbindung zwischen Innenstadt und Weststadt zu schaffen. In dem Gutachten wurde die Tieflage der Bundesbahn aufgegeben. Die Planung der Nord Süd Fahrt wurde aber weiter verfolgt.

Im Entwurf wurde ein Bahnhofsvorplatz dargestellt, der von allen Seiten mit mehrgeschossiger Bebauung umschlossen sein sollte.

Das Bredero-Gutachten zeigt eine massive Überbauung der Bahnanlagen und eine Bebauung beidseits des Kaiserplatzes. Die Realisierung dieser Bebauung hätte zu einer erheblichen negativen Veränderung der Stadtstruktur in diesem sensiblen Bereich der Innenstadt geführt.

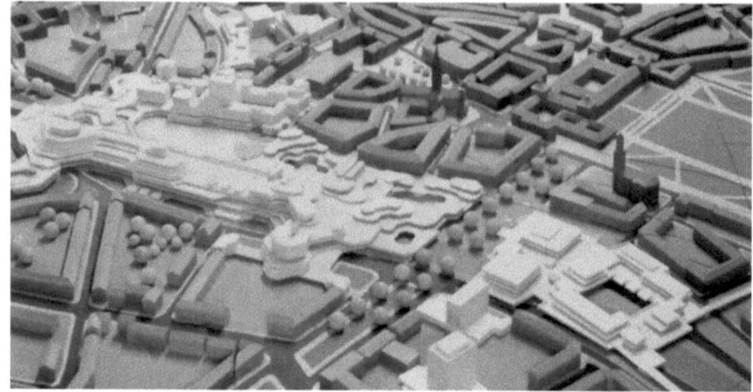

Im selben Jahr 1972 wurde das Architekturbüro Spengelin-Gerlach-Glauner unter Führung von Professor Spengelin als Berater von der Stadt Bonn beauftragt.
Im Rahmen dieser Beratung wurde die vorgesehene Bebauung der Cassius-Bastei auf maximal zehn Geschosse reduziert.

1974 konkretisiert sich die Planung der Bebauung und des Bahnhofsvorplatzes. Zwischen einer Nord- und einer Südüberbaung sollte ein abgesenkter Platz vorgesehen werden. Ein Hauptanliegen des abgesenkten Platzes war es, die B-Ebene der Stadtbahn dem Tageslicht näherzubringen und die Dunkelheit der Tiefebene zu minimieren.

Im Jahre 1977, als die Südüberbauung im Rohbauzustand war, wurde die Kritik am Bau sehr laut. Der Bau sei sehr nah am Bahnhofsgebäude und gestalterisch sehr fragwürdig. Der Widerstand formierte sich weiter. Der Landeskonservator schaltete den Münchener Architekten von Branka ein, der einen ebenerdigen Platz, den Erhalt der historischen Bauten und keine weitere Bebauung der Cassius-Bastei empfahl.

Der bisherige Entwurf, der eine weitere Bauentwicklung der Cassius-Bastei unter Einbeziehung der alten Häuser an der Maximilian-Straße vorsah.

Empfehlung des Architekten Van Branka: Erhalt der historischen Häuser an der Maximilian Str. und ein ebenerdiger Platz

Im selben Jahr 1977 wurde der Ausbau des Bahnhofsvorplatzes vom Stadtrat beschlossen, aber nicht so tief wie ursprünglich vorgesehen. 1977 wurde er fertiggestellt.

Blick aus dem
Bahnhofsvorplatz
zum Bahnhof

Der direkte Zugang zur
Tiefebene der Bahn

Blick auf die
Südüberbauung

Die fertiggestellte Südüberbauung

Blick auf Südüberbauung und Bahnhof

Der ausgestaltete Bahnhofsvorplatz

Der emotionale Streit in der Bonner Bevölkerung und in der Kommunalpolitik über die Südüberbauung und das „Bonner Loch" führte zu einem
Stillstand der städtebaulichen Entwicklung im Bahnhofsbereich. Das städtebauliche Provisorium blieb unbefriedigend. Nördlich des Platzes befand
sich ein provisorischer Parkplatz. Durch das Fehlen einer Nordüberbauung, die zu einer zusätzlichen Belebung geführt hätte, blieb der Platz eine
Enklave und wurde von Randgruppen in Besitz genommen. Südlich der
Südüberbauung befand sich ein provisorischer Omnibusbahnhof, der heute gestalterisch unbefriedigend und fahrgastunfreundlich ist. Ein Stillstand, der 40 Jahre gedauert hat.

Bestand 1979 nach Fertigstellung der Südüberbauung und des Bahnhofsvorplatzes

Im Jahre 1979 beschloss der Stadtrat die Durchführung eines städtebaulichen Gutachterverfahrens für den gesamten Bahnhofsbereich vom Kaiserplatz bis zum alten Friedhof. Am Gutachterverfahren nahmen sechs Pla-
nungsbüros teil. Den Vorsitz des Obergutachtergremiums übernahm Prof.
Rudolf Hillebrecht, ehemaliger Stadtbaurat der Stadt Hannover. Am offenen Verfahren waren neben der Politik, die Bundespost, die Bundesbahn
und der Landeskonservator beteiligt. Es wurde mehrmals getagt und en-
dete 1981 mit einem Empfehlungskonzept.

Massenmodell zum Empfehlungskonzept des Obergutachtergremiums

Das Ergebnis des Gutachterverfahrens im Jahre 1981 war ein städtebauliches Konzept, das eine Bebauung des Bahnhofsvorplatzes vorsieht. Dieser Bereich sollte als Empfangsraum zur Stadt hingestaltet werden. Die Bebauung sollte den Straßenraum Poststraße wiederherstellen und vielfältige Nutzungsmöglichkeiten bieten. Ursprünglich hatte die Stadt die Errichtung eines Kulturforums hier vorgesehen. Im Norden und Süden sollten zwei Bahnhofsplätze gestaltet werden. Diese beiden Plätze sollten stadträumlich gefasst werden und die wichtigen Erschließungsfunktionen für den Bahnhof übernehmen. Der südliche Platz sollte mit einem Gebäude geschlossen werden, wo früher die Kaiserhalle stand. Der nördliche Platz sollte durch eine Verlängerung der Bebauung an der Thomas-Mann-Straße räumlich abgegrenzt werden. Zum alten Friedhof hin war eine umfangreiche Wohnbebauung vorgesehen, um die Wohnfunktion der Innenstadt zu stärken. Die Straße am Hauptbahnhof sollte im Bereich des Bahnhofsgebäudes für den Individualverkehr gesperrt werden. Die Erreichbarkeit des Bahnhofs wäre von Süden und Norden über die beiden Plätze möglich. Die Straßenbahn nach Hardtberg sollte tief gelegt werden, was dem städtischen Planungsziel seinerzeit entsprach.

Das Konzept hatte keine weiteren Einzelhandelseinrichtungen vorgesehen. Man ging davon aus, dass ein Bedarf an zusätzlichen Einzelhandelsflächen in diesem Gebiet nicht besteht, da die Innenstadt bereits gut versorgt ist. Dagegen wollte man die Wohnungsfunktion der Innenstadt stärken durch Ausweisung von einem Wohnstandort am Alten Friedhof.

Erst fünf Jahre später, 1986 beschloss der Stadtrat ein weiteres Gutachten durchzuführen auf Grundlage des vorliegenden städtebaulichen Konzepts, für die Realisierung der Bebauung auf dem Bahnhofsvorplatz. Sieger war der Entwurf „Stadtfoyer" des Architekten Oswald Mathias Ungers. Der Entwurf wurde konzipiert als Eingangshalle zur Stadt. Es handelte sich um ein zweigeschossiges Arkadengebäude mit einer Glaskuppel aus filigranem Stabfaltwerk. Die Arkade auf dem Straßenniveau der Poststraße ist als offener Umgang mit Einblicken auf die untere Platzebene gestaltet.

Modell der Halle

Einblick in
das Innere
der Halle

Fassade zur
Bahnhofstraße

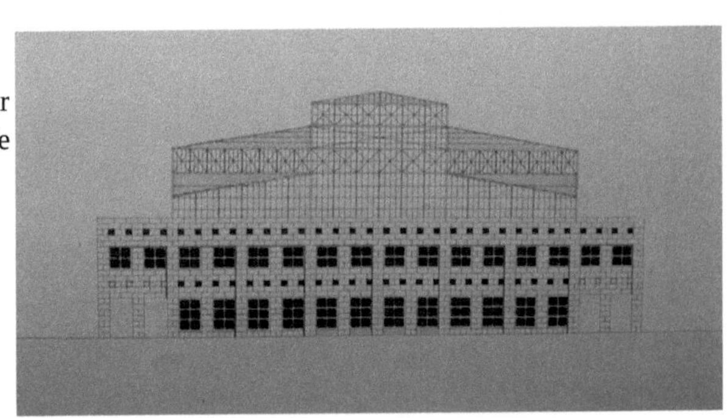

Blick aus der
Bahnhofstraße

Es wurden Überlegungen angestellt, welche Nutzungen in diesem Gebäude untergebracht werden könnten, wie z.B. Informationen der Stadt und Ausstellungen zur Bonner Stadtgeschichte. Die Halle sollte als Empfangsraum für die Stadt und gleichzeitig eine vorgelagerte Bahnhofshalle sein.

Einordnung des Gesamtkonzepts in der Stadtstruktur

1989 wurde das Konzept für die Planung im Bahnhofsbereich mit Ausnahme der Ungers-Halle vom Stadtrat beschlossen. Was bedeutete, dass der Kernbereich des Konzepts offen geblieben ist und damit war das Konzept für den zentralen Teil ohne Aussagekraft. Die Planungsarbeit von mehreren Jahren kam erneut zum Stillstand. Es spielten zu dieser Zeit u.A. die Kommunalwahlen eine wichtige Rolle. Die damalige Mehrheitspartei war sich uneinig, wie es weitergehen soll. Die Aversion unter der Bevölkerung gegen die Südüberbauung und die Forderung nach ihrem Abriss waren auch maßgeblich für die Ablehnung der Ungers-Halle, da sie in derselben Bauflucht wie die Südüberbauung vorgesehen war. Man wollte eine breitere Straße am Bahnhof. Das politische Interesse an der Entwicklung des

Bahnhofsbereichs sank auf den Tiefpunkt. Die Politik war zögerlich oder wollte sich mit dem Thema nicht mehr beschäftigen.

Die Bundesbahn allerdings hatte Interesse an der Entwicklung der Flächen, die von der Bahn nicht mehr gebraucht wurden. Das Gutachterverfahren, woran die Bundesbahn beteiligt war, eröffnete ihr Nutzungsmöglichkeiten dieser Flächen. Im Jahre 1993 wurde im Auftrag der Bundesbahn in Abstimmung mit der Stadtverwaltung ein städtebauliches Konzept von Professor Coersmeier für die Neuordnung des Bahngeländes erarbeitet, das auf der Grundlage des städtischen Konzepts entwickelt wurde. Die Planung sah eine Bebauung aller freien Grundstücke der Bundesbahn und die Schaffung einer überdachten, repräsentativen Eingangshalle für den Bahnhof an der Quantiusstraße vor. Inzwischen gab es auch Überlegungen, den Omnibusbahnhof nach Norden zu verlegen, sodass der Südliche Platz ein grün gestalteter Platz werden könnte. Hier wäre lediglich eine Vorfahrt für den Bahnhof vorzusehen.

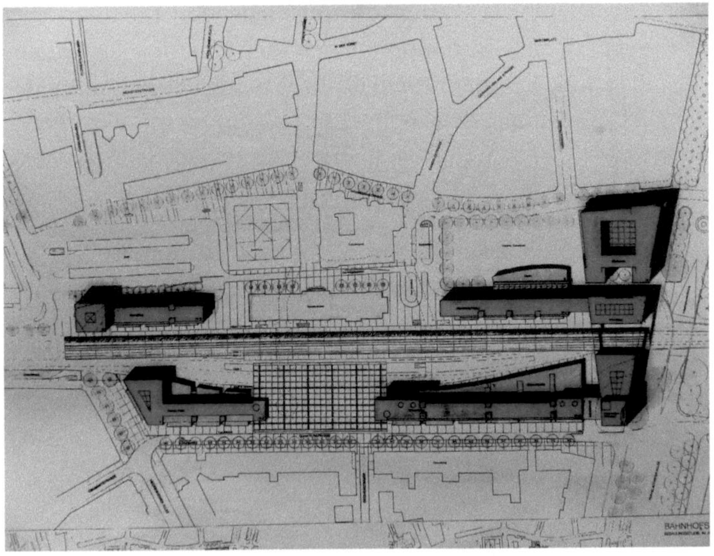

Entwurf von Professor Coersmeier

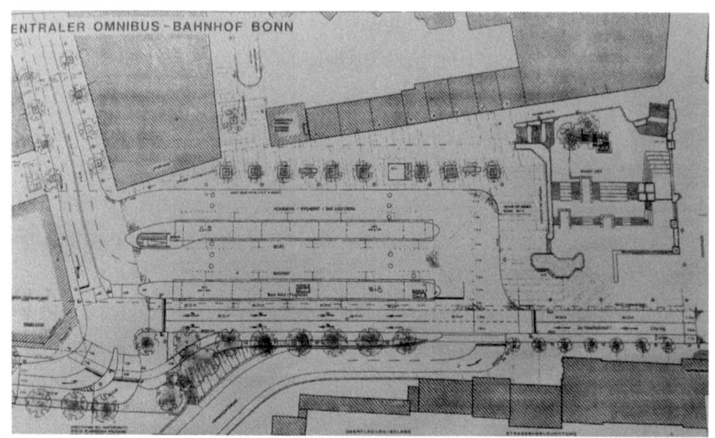

Der Plan zeigt einen Alternativstandort des Omnibusbahnhofs
im nördlichen Bereich des Bahnhofvorplatzes

Da die Stadt seit 1989 nicht mehr tätig geworden ist, beauftragte im Jahre 1994 der City Ausschuss Bonner Einzelhändler den Kölner Architekten Stefan Schmitz mit der Erarbeitung eines Konzepts für den Bahnhofsbereich. Der Plan ging von einer totalen Überbauung des gesamten Bereichs aus. Lediglich gegenüber dem Bahnhofsgebäude wurde ein überdachter Platz vorgesehen. Der Omnibusbahnhof wurde aufgegeben . Die Busse hatten ihre Halteplätze entlang der Bahnhofstraße.

Der Bebauungsvorschlag
des Architekten Schmitz
1994

Erst 1996, 10 Jahre nach der Planung der Ungers-Halle wurde die Stadt tätig und führte Gespräche mit WestProjekt & Consult als Investor für den Bahnhofsbereich. Ein neues Konzept, das eine Aufgabe des Omnibusbahnhofs vorsah und eine massive Bebauung aller Flächen in dem Gebiet beinhaltete, wurde vorgelegt. An massivem Widerstand der Bürgerschaft scheiterte das Projekt.

Das Konzept der „WestProjekt & Consult"

Im Jahre 2001 führte die Stadt ein Interessenbekundungsverfahren durch. Im Jahre 2003 entschied sich der Stadtrat für die Verfolgung des „Brune Konzept". Daraufhin bildete sich die „Aktionsgemeinschaft Bahnhofsvorplatz Bonn".

Im Jahre 2004 wurde ein erfolgreiches Bürgerbegehren gegen die Planung durchgeführt, nachdem der Stadtrat die Planung von „Brune Konzept" beschlossen hatte. Der Stadtrat hat sich dann dem Bürgerbegehren angeschlossen und das „Brune Konzept" aufgegeben.

Im Jahre 2005 beschloss der Stadtrat die Durchführung einer Bürgerwerkstatt.

Im Jahre 2006 stellte die Bürgerwerkstatt ihre Arbeitsergebnisse vor. Sie forderte ein Gesamtkonzept und eine Lösung für die Südüberbauung .

Im Jahre 2008 wurde von der Stadt Bonn ein städtebaulicher Wettbewerb ausgeschrieben. Den ersten Preis bekam ein Entwurf des Architekten Stefan Schmitz aus Köln.

Modell des ersten Preises des Architekten Schmitz

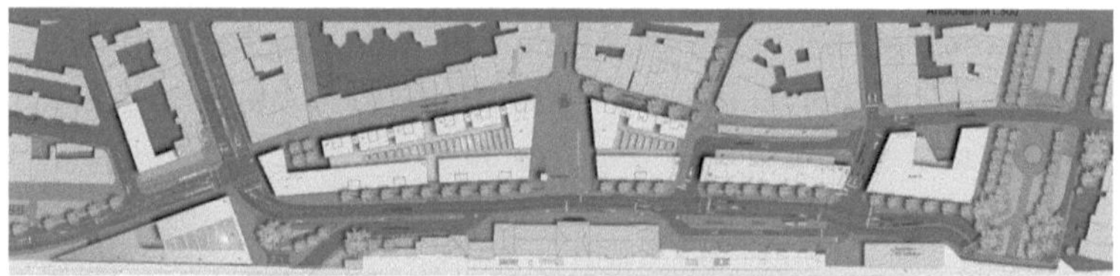

Entwurf des ersten Preises des Architekten Schmitz

Der Entwurf sah vor, alle Freiflächen zu bebauen, sogar der Omnibusbahnhof wurde teilweise überbaut. Die Baufluchten an der Poststraße wurden in einer Schräglage aufgeweitet, um die Sicht auf das Bahnhofsportal zu ermöglichen.

Im Jahre 2013 wurde ein Umbauplan für den Omnibusbahnhof erarbeitet, der viele Gestaltungsmängel aufweist. Die Bahnsteige und die Halteplätze der Busse wurden in einer fragwürdigen sägezahnmässigen Form angeordnet. Die Aufenthaltsqualität der Fahrgäste würde sich nicht verbessern. Baumpflanzungen in dieser großen Verkehrsfläche wurden, mit Ausnahme von vier Bäumen an dem Bahngleis der Bundesbahn, nicht vorgesehen. Der Omnibusbahnhof würde nach wie vor eine große Asphaltwüste bleiben. Leider wurde dieser Plan beschlossen und eine Chance für eine Verbesserung vertan.

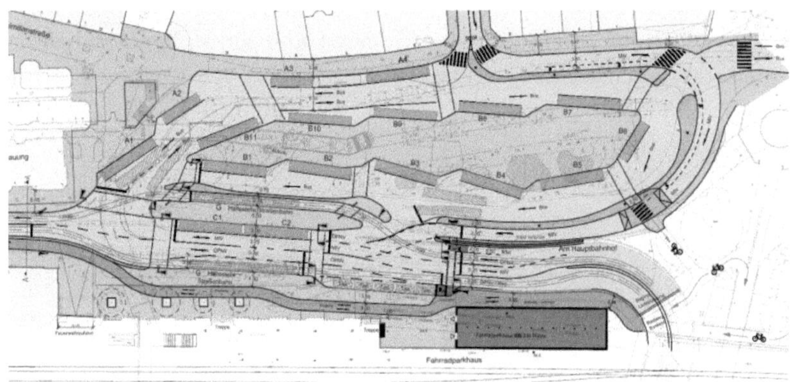

Umbauplan des Omnibusbahnhofs

Im Jahre 2014 hat die Stadt die Bebauung für den nördlichen Bereich für Investoren ausgeschrieben, während für den südlichen Bereich Verhandlungen zwischen der Projektentwicklung GmbH, Unternehmen der niederländischen Ten Brinke und den Eigentümern der Südüberbauung zwecks Erwerb der Liegenschaften im Gange waren.

Im Jahre 2016 beschloss der Stadtrat einen Vertrag mit der Ten Brinke Gruppe wegen Abbruch der Südüberbauung und einer Neubebauung des Grundstücks, nachdem es dem Investor gelungen war, Kaufverträge mit den 38 Eigentümern abzuschließen.
Gleichzeitig beschloss der Stadtrat die Bebauung des Nordfelds durch „Urban Soul". Seit 2017 bebaut Urban Soul das Nordfeld zwischen der Poststraße und der Thomas-Mann-Straße sowie die Freifläche zwischen der Bahnanlage und der Rabinstraße. Hier sollen ein Hotel mit 250 Zimmern, 5000 Quadratmetern Büroflächen, 10000 Quadratmetern Einzelhandel und 1500 Quadratmetern Gastronomieflächen entstehen. Die Bebauung soll bis 2020 zum 250. Geburtstag von Ludwig van Beethoven fertiggestellt werden.

2019 wurde das fünfgeschossige sogenannte Maximilian Center fertiggestellt. Im Gebäude befinden sich 12000 Quadratmeter Einzelhandelsflächen, im Untergeschoss kleinere Läden und ein Billigwarenkaufhaus in den Obergeschossen.

Das Maximilian Center, Südfassade   Das Maximilian Center, Eckansicht

Bebauungsplan Urban Soul

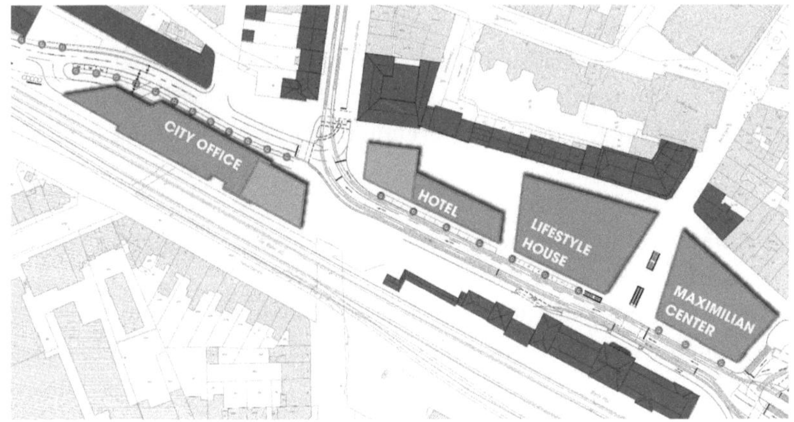

Gesamtbebauungskonzept

Im Februar 2019 beschloss der Stadtrat den Vorentwurf für den Umbau der Straße Am Bahnhof zwischen dem Omnibusbahnhof und der Thomas-Mann-Straße.

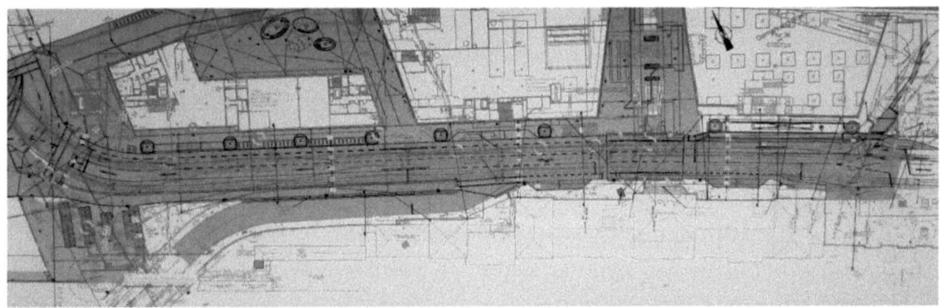

Entwurf der Straße Am Hauptbahnhof

Der Entwurf könnte aus den sechziger Jahre stammen. Alle Verkehrsarten werden perfekt bedient. Im Entwurf sind Fahrspuren für Straßenbahnen, Busse, Taxen, den Individualverkehr und jetzt auch für Fahrräder vorgesehen. Der Fußgänger muss diese Barriere zum Bahnhofsgebäude überwinden, die noch 9 Meter breiter wird als heute. Zählungen haben bewiesen, dass es hier um den größten Fussgängerstrom der Innenstadt geht. Auf der gesamten Länge der Straße sind nur acht Bäume vorgesehen. Somit wird der Eindruck einer öden, unfreundlichen Verkehrsstraße noch weiter betont.

Die Bahnhofstraße kann entlastet werden, wenn der Individualverkehr, der zum größten Teil Durchgangsverkehr ist, eliminiert wird. Schon Ende der 70. Jahre wurde nachgewiesen, dass der Individualverkehr in der Straße Am Bahnhof unterbrochen werden kann. Der Bahnhof bleibt dabei vom Norden und vom Süden erreichbar. Durch die Eliminierung des Individualverkehrs in der Straße Am Bahnhof können die Verkehrsflächen reduziert werden, der Bahnhof rückt fußläufig näher an die Poststraße und es gäbe mehr Platz für den Fußgänger und für Baumpflanzung. Die Straße kann besser gestaltet werden und die teure Schienenverlegung könnte sich erübrigen.

SCHLUSSFOLGERUNGEN

Vor 50 Jahren wurde mit der Planung für den Bahnhofsbereich begonnen. Es begann mit Planung der Stadtentwicklung Bonn-GmbH für den engen Bahnhofsplatz. Es folgten viele städtebauliche Planungen, Gutachten und Wettbewerbe. Mehrere Investoren bewarben sich, wobei sie das Interesse hatten, soviel Bebauung wie möglich zu realisieren. Die Bürger haben diese Absichten verfolgt, kritisch begleitet und das politische Handeln durch Aktionen z.T. verhindert. Die Politik war zeitweise überfordert, manchmal zögerlich und viele Jahre untätig. Lange Zeit wollte sich die Politik mit der Planung nicht beschäftigen und von der Stadtverwaltung kamen keine Initiativen.

Nach dem Ergebnis des ersten Gutachterverfahrens im Jahre 1981 hatte man die Möglichkeit, ein in sich stimmiges Konzept zu verfolgen und weiter zu konkretisieren. Das Ziel dieses Konzepts war, den Bahnhofsbereich NEU ZU ORDNEN, zu GESTALTEN und den VERKEHR ZU KULTIVIEREN. Es ging dabei NICHT UM EINE BEBAUUNG des Bahnhofsbereichs. Die Idee der zwei Bahnhofsplätze war eine konsequente Folge dieses Gedankens.
Das Konzept wurde vom Stadtrat zwar beschlossen, aber die Ungers-Halle ausgenommen. Mit dem Stadtfoyer des Herrn Ungers wäre am Eingang der Innenstadt ein besonderes Merkmal und ein Wahrzeichen für Bonn entstanden. Die Nutzung des Gebäudes hätte man weiter optimieren können.

Gegen die Empfehlungen des beschlossenen Konzepts hat die Stadt später auch im Bereich der Rabinstraße/Am Alten Friedhof gehandelt. Dieser Bereich sollte nach den Empfehlungen ein Wohnstandort werden, um die Wohnfunktion in der Innenstadt zu stärken. Stattdessen hat die Stadt später ihr eigenes Grundstück an ein Versicherungsunternehmen zwecks Errichtung von Büros verkauft. Die empfohlene Begradigung der Rabinstraße, um die Eckgrundstücke Thomas-Mann-Straße/Rabinstraße zu arrondieren, bebaubar zu machen und den Häuserblock zu schließen, wurde nicht vorgenommen. Stattdessen wurde jetzt die Enklave des früheren Grundstücks des Rhein Ufer Bahnhofs mit einem nicht integrierten freistehenden Gebäude bebaut.

Der Abbruch der Südüberbauung war der wesentliche Bürgerwunsch, der erreicht wurde. Der Neubau, das Maximilian Center, wurde ohne großen Widerstand hingenommen, obwohl die Nutzung des Gebäudes durch ein Billigkaufhaus keine gute Visitenkarte am Eingang der Innenstadt darstellt. Die Fassadengestaltung des Gebäudes entspricht der heutigen Architekturvorstellung.

Der Ruf von Stadtplanern und Denkmalpflegern nach Wiederherstellung der alten Baufluchten in der Straße am Hauptbahnhof in einem Abstand von 27 Metern zum Bahnhofsgebäude wurde nur teilweise erreicht. Die Bauflucht beträgt statt 16 Meter jetzt 25 Meter.

In der Poststraße wurde die alte Bauflucht verlassen. Die fragwürdige Schrägstellung der neuen Baufluchten mit der Begründung , die Sicht auf das Bahnhofsportal zu ermöglichen, ist das Ergebnis. Die Schaffung eines Bahnhofsvorplatzes wurde endgültig ad acta gelegt. Man muss allerdings feststellen, dass es historisch einen Bahnhofsvorplatz in Bonn nie gegeben hat.

Eine entscheidende Kritik an den Plänen der früheren Investoren war die Dichte und Massivität der vorgesehenen Bebauung. Man kann heute feststellen, dass das Gebiet doch weitgehend bebaut wird. Die heutige Bebauung des „Nordfelds" muss man mit Rücksicht auf den Straßenraum der Straße Am Bahnhof als zu hoch ansehen.

Die vorliegende Planung des Omnibusbahnhofs muss dringend überarbeitet werden, da die vorhandene Planung unbefriedigend und keine Verbesserung darstellt. Es muss überlegt werden, ob die Anzahl der Bushalteplätze verkleinert werden kann. Wer den Omnibusbahnhof heute benutzt, muss die Beobachtung machen, dass immer sehr wenige Busse zum gleichen Zeitpunkt den Platz anfahren und ihn wieder verlassen. Mit der Verkleinerung der Fläche kann eine bessere Gestaltung und damit eine angenehmere Aufenthaltsqualität für die Fahrgäste erreicht werden.

Auch die vorliegende Planung der Straße am Hauptbahnhof ist ein Schritt rückwärts. Es entsteht ein breites Verkehrsband (9 Meter breiter als heute), das fußgängerunfreundlich ist und die Barriere zwischen der Poststraße, der Innenstadt und dem Bahnhof verstärkt.

Die Chance darf jetzt nicht verpasst werden, um den Individualverkehr am Bahnhof zu unterbrechen und eine andere zeitgemäße Verkehrsführung umzusetzen.

Eine bessere Gestaltung des Omnibusbahnhofs und eine fußgängerfreund-liche Bahnhofstraße sind entscheidend für die letzte Entwicklungsphase im Bahnhofsbereich. Das Ziel „KULTIVIERUNG" des Verkehrs muss hier wieder die Priorität haben.

Literatur und Abbildungsverzeichnis

Stadtarchiv der Stadt Bonn
Stadtplanungsamt Bonn
Stefan Schmitz Köln
Tiefbauamt Bonn
Ten Brinke Group
Urban Soul

Der Hauptbahnhof als Baudenkmal
in der Denkmalliste der Stadt Bonn
Eingetragen am 24. Februar 1986
(Lfd.Nr. A 986)

<u>Kurzbeschreibung</u>

13.02.1844	Eröffnung der Eisenbahnlinie Köln - Bonn
1880	Eröffnung der Strecke Bonn - Euskirchen
01.03.1883	Grundsteinlegung zum Neubau des Hauptbahnhofs
April 1885	Einweihung des Hauptbahnhofs

Langgestreckter 1 1/2 geschossiger Baukörper in 23 zu 3 (5) Achsen mit 2-geschossigen, 3-achsigen Seitenrisaliten und 3-achsigen Mittelpavillon mit großem Rundbogenfenster, rustiziertem Erdgeschoss und vorgelagerter Freitreppe. Risalite mit Wohndächern.

Im EG hohe Rundbogenfenster mit zurückliegender Brüstung und Kampfergesims. Im Attikageschoß der Zwischentrakte ehemals Wappenrelief verschiedener Städte mit eingelassenem Ortsnamen; Reliefs heute durch Fenster ersetzt.

Bauornamentik in Anlehnung an Renaissancevorbilder. Originale Bahnsteigüberdachung.

<u>Begründung der Denkmaleigenschaft</u> nach § 2 DSchG:

Die Erhöhung des Verkehrsaufkommens, zu dem nicht zuletzt die Eröffnung der Strecke Bonn-Euskirchen (1880)beitrug, machte die Erweiterung des alten Bahnhofsgebäudes notwendig. Diese Erweiterung wurde jedoch von der Stadt abgelehnt.

Mit dem daraufhin durchgeführten Neubau trugen die Architekten nicht nur dem erhöhten Verkehrsaufkommen Rechnung, sondern gaben auch der erhöhten Bedeutung Ausdruck, das die Bahn in den wenigen Jahrzehnten ihres Bestehens erlangt hatte. Bei der Gestaltung des Kernstücks des Bahnhofs, der Empfangshalle, griff man das Motiv des Triumphbogens auf, das für technische Bauten seit der Pariser Weltausstellung 1855 häufig in Anspruch genommen wurde. Beim Bonner Hauptbahnhof wird das Motiv in einen doppelten Bedeutungszusammenhang gesetzt. Einmal ist er Sinnbild für den Triumph der Technik, das andere Mal übernimmt er die Funktion des Stadttores, an dem Reisende empfangen und verabschiedet werden. Dies kommt besonders deutlich in den beiden Medaillons mit den Worten "vale" und "salve" in den Zwickeln des Bogens und im Mezzaningeschoß der beiden Zwischentrakte zum Ausdruck. Hier waren ursprünglich die Wappenreliefs der durch die Rheinlinie verbundenen Städte angebracht. Die dazugehörigen Ortsnamen sind heute noch zu sehen.

Bei dem Empfangsgebäude wird der Versuch besonders deutlich, die Bauaufgabe "Bahnhof" mit historischen Architekturzitaten zu bewältigen, wobei der repräsentative Aspekt eindeutig im Vordergrund steht.

Das Gebäude ist als Zeugnis des prosperierenden Eisenbahnwesens bedeutend für die Geschichte der Menschen. Durch den starken Einfluß, den sowohl [sic] die Errichtung des neuen Empfangsgebäudes auf die Stadtentwicklung hatten, wird der Bau zudem bedeutend für die Geschichte der Stadt Bonn.

An der Erhaltung und Nutzung des Gebäudes besteht aus kunsthistorischen, städtebaulichen und wissenschaftlichen (verkehrs- und ortsgeschichtlichen sowie typologischen) Gründen ein öffentliches Interesse.

[Untere Denkmalbehörde der Stadt Bonn]

Martin Bredenbeck, Bonn

Zwischen Bonner Loch und Stadthaus
Gedanken zur Stadtbaukunst der Nachkriegszeit in Bonn[1]

Einige Ausschnitte aus dem Papier:

[...]

Fokus waren nun Bereiche, die im Zweiten Weltkrieg kaum beschädigt worden waren, darunter das Bahnhofsumfeld und die Innere Nordstadt. Ein Stück echtes altes Bonn war hier erhalten geblieben – eines, das aus dem 19. Jahrhundert stammte, dessen Neubewertung Kunstgeschichte, Städtebau und Denkmalpflege in den 1960er Jahren noch nicht allgemein vollzogen hatten. Obwohl sich diese Neubewertung abzeichnete (Wolf Jobst Siedlers „Die gemordete Stadt" war 1964, Alexander Mitscherlichs „Die Unwirtlichkeit unserer Städte" 1965 erschienen), prägte erneut ein großzügiger planerischer Umgang der Verantwortlichen mit dem Vorhandenem wichtige Projekte dieser Phase: das Neue Stadthaus sowie den Bau der Stadtbahn und den neuen Bahnhofsvorplatz. Auf Bürgerseite hingegen zeigten sich schon in der Planung und immer deutlicher im Verlauf der Baumaßnahmen Skepsis und schließlich offene Ablehnung und Proteste – unterstützt durch die kritischen Veröffentlichungen, kunsthistorisch sekundiert durch die Teile der akademischen Lehrer, die das Alte für sich entdeckt hatten.

[...]

---

1 Schriftfassung des Vortrags „Bahnhofsvorplatz – Loch – Klanggrund. Die Zukunft der Nachkriegsmoderne in Bonn", gehalten auf dem 31. Kunsthistorikertag in Würzburg (Sektion: Stadtbaukunst. Zerstörung und Wiederaufbau) am 26.03.2011. Der Vortragsstil wurde beibehalten, Anregungen aus den Sektionsdiskussionen eingearbeitet und Literaturhinweise ergänzt. *Autor: Dr. (des.) Martin Bredenbeck, Wissenschaftlicher Referent beim Bund Heimat und Umwelt in Deutschland.*

Diese Neuordnung ist Fragment geblieben. Die Hoch- und Tiefbauten bilden jedoch ein klar erkennbares städtebauliches Ensemble und weisen gestalterische Bezüge zueinander auf (Abb. 4): Zu nennen wären u.a. die Verwendung vorgehängter Metallverkleidungen (farbig eloxiert oder lackiert), die konsequente Durchführung der stilistisch zeittypischen polygonalen Formen und Brechungen sowie das durchgehend verwendete Pavillon- oder Zeltmotiv. Die Treppenplatzpassage zeichnet sich aus durch ihre geschickt gestaffelten Ebenen, die eingefassten Pflanzbecken und das Wasserspiel. Besondere Verweilqualität brachten die ursprünglich vorhandenen Sitzschalen. Die verglasten Lichtkuppeln mit Steinsockel seien als bemerkenswerte Details genannt, wie die zeitgleiche Straßenbeleuchtung der Bonner Innenstadt Hinweise auf den Historismus des späteren 20. Jahrhunderts. Bei der Cassius-Bastei lohnt ein Blick auf Details wie die Riefelstruktur der Betonflächen.

Um 1985 war diese zweite Phase des Nachkriegsstädtebaus in Bonn abgeschlossen. Die architekturstilistischen und städtebaulichen Unterschiede der beiden Zeiträume entsprechen den allgemeinen Entwicklungen: Die früheren, konservativen Bauten der neuen Kuhl knüpfen gestalterisch und materiell an Traditionen der ersten Hälfte des 20. Jahrhunderts an, während die jüngeren Bauten großmaßstäblich sind und in der Gestaltung neue Materialien wie Beton, Glas, Metall zur Schau stellen. Städtebaulich hatte besonders die zweite Phase der Nachkriegsmoderne mit Nachdruck eine nach Funktionen gegliederte Stadtlandschaft angestrebt: So sind Fußgänger und Kraftverkehr vor dem Bahnhof und am Stadthaus mustergültig entflochten gewesen. Statt eines im Blockrandsystem bebauten Rasters wurde eine lockere Gruppierung neuer Dominanten und Solitärbauten versucht, wobei die Wege und Plätze bewusst in die Plus-Eins- und Minus-Eins-Ebene verlegt wurden.

Auch in der Qualität der öffentlichen Rezeption sind Unterschiede zu nennen: Die Bahnhofspassage ist bauzeitlich unmittelbar auf viel stärkere Kritik gestoßen als beispielsweise der Durchbruch des ungeheuer breiten (späteren) Bertha-von-Suttner-Platzes. Fragt man sich, was Hintergrund der bei den jüngeren Bauten vehementeren öffentlichen Kritik gewesen sein könnte, kommt der Gedanke auf, dass offensichtlich mit zeitlichem Abstand mittlerweile ein „Altes Bonn" geschätzt und vermisst wurde – und zwar Bauten und Anlagen des 19. Jahrhunderts! Dem Wunsch danach konnte nicht einmal verbesserte Funktionalität (erinnert sei daran, dass es keinen Bahnhofsplatz gegeben hatte und die städtischen Behörden verstreut lagen) entgegenwirken. Aus heutiger Sicht ist jedenfalls festzuhalten, dass auch in dieser jüngeren Phase der Nachkriegszeit Anlagen selbstbewusster Stadtbaukunst entstanden sind, denen sinnvolle funktionale Überlegungen zugrundelagen. Trotzdem hat die Kunstgeschichte bei der Brandmarkung der Neubauten tatkräftig mitgeholfen.

Die Neugestaltung des *Bahnhofsvorplatzes* schließlich ist ein Dauerbrenner: Mit dem Ende der Bauarbeiten setzte die Reihe der Gutachterverfahren, Wettbewerbe und Umgestaltungsvorschläge ein, die zu einem bedeutenden Teil unter Druck der Bevölkerung entstanden sind, die mit Polemik nicht sparte. Der als urbaner Platz mit Verweilqualitäten gedachte Raum vor dem Bahnhof hat sich aus Liebesentzug zum Durchgangsraum verwandelt, zum Bereich von Internetcafés und Schnellbäckereien und zum Treffpunkt der Obdachlosen und Drogenabhängigen, die sich hier selbstbewusst angesiedelt haben, nachdem die bürgerlichen Benutzerinnen und Benutzer es vorgezogen hatten, den städtebaulichen Ideen der 1970er Jahre keine Chance zu geben und in die wohlrestaurierten Teile der historischen Innenstadt auszuweichen. Es brauchte daher nicht viel, um aus Passage und Platz das *Bonner Loch* zu machen, was mittlerweile ein regelrechter Topos geworden ist und als abschreckende Folie Eingang in die Populärkultur gefunden hat.

Beim jüngsten Umgestaltungswettbewerb haben alle Teilnehmerbüros Planungen vorgelegt, die die Südüberbauung abreißen, den Busbahnhof verlegen, Bahnhofspassage und Treppenabgang aufgeben und auf eine Rekonstruktion der Blockrandstruktur – freilich mit neuen, nicht unbedingt kleinen Bauten – hinauslaufen. Der derzeitige Stadteingang als Fläche mit Pavillons und Solitären soll zu einer Abfolge gefasster Plätze rückgebildet werden. Man muss sich jedoch klarmachen: Das „Alte Bonn", die historistische Bebauung vor dem Bahnhof, wird im Falle einer Neugestaltung nicht zurückkehren, Rekonstruktionen sind nicht vorgesehen. Auch der Abstand zwischen Empfangsgebäude und Stadtbebauung wird nie mehr so großzügig sein wie im 19. Jahrhundert. Vielmehr steht zu erwarten, dass Investoren die Maßnahmen weniger als städtebaulichen Beitrag, sondern als Wirtschaftsprojekt vorantreiben wollen: Hochgezonte Neubauten und eine intensive Grundstücksausnutzung sind ihre (freilich berechtigten) Anliegen. Da finanzielle Unstimmigkeiten zwischen Stadt und Investor die Ausführung des 2009 preisgekrönten Entwurfs vorläufig verhindern, ist eine Pause zum Nachdenken gewonnen: Wäre es nicht nachhaltiger, das Vorhandene zu pflegen, neu zu bewerten, neu in Funktion und Wert zu setzen?

[...] Vorerst täten dem Bonner Bahnhofsvorplatz eine gründliche Entrümpelung von Stadtmobiliar, ein tatkräftiges Putzkommando und eine ordentliche Neubepflanzung besser als vieles andere. [...] [Es] gilt der einfache Grundsatz: Putzen und nutzen!

[Korrektur des Autors vom November 2019: Statt „Sitzschalen" (2. Abschnitt) soll es „Sitzgelegenheiten aus Holzplanken" heißen.]

Das Originalmanuskript enthält ein Literaturverzeichnis und 4 Abbildungen.

Am Bonner Hauptbahnhof

Die Bahnhofstraße, einst sehr schön,
ist heute trostlos anzusehn,
obwohl durch Bomben stark zerstört,
hat sie uns lange noch betört.
Bis heute trauern wir ihr nach,
die Neugestaltung eine Schmach.
Die U-Bahn forderte Tribut,
doch lief die Sache nicht sehr gut,
die Straße wurde eingeengt,
weil sich ein „Klotz" dazwischen zwängt.
Der „Klotz" steht Bonn nicht zu Gesicht,
ein zweites Schilda braucht man nicht.
Ein „Klotz" – Symbol der Bundesstadt?
So mancher Bürger lacht sich platt.
Und auch Touristen sind erstaunt,
wer bleibt dabei noch gut gelaunt?
Wer solches hat uns eingebrockt,
der hat sich hoffnungslos verzockt.
Ist eine Lösung nicht parat,
vergesst den Namen „Bundesstadt".

H. Pankuweit

Umstrittene Pläne,
Bürgerbegehren, Bürgerwerkstatt
(1998-2004)

Bahnhofsvorplatz: Proteste verpufften

Stadtrat entschied sich gestern Abend für Brune Consulting als Investor

BONN. Allem Protest zum Trotz legte sich gestern Abend der Stadtrat auf die Firma Brune Consulting als Investor für eine Bebauung des Bahnhofsvorplatzes zwischen Kaiserplatz und Thomas-Mann-Straße nach Einbringung eines interfraktionellen Antrages mit überwältigender Mehrheit fest. Dabei soll auf die öffentlichen Proteste insoweit Rücksicht genommen werden, als zum Beispiel die geplante Bebauung noch weiter vom Bahnhof abgesetzt („historische Stadtkante") und die Gebäudehöhe durchgängig – mit Ausnahme der Wohngeschosse – noch einmal gegenüber der schon durch Brune zugestandenen Reduzierung ˙ zurückgestuft werden soll. In den Tagen vor der Grundsatzentscheidung des Rates hatten zahlreiche Personen und Gruppen noch einmal darauf hingewiesen, dass es noch zu viele offene Fragen gebe, die im Vorfeld gelöst werden müssten.

So gab der Arbeitskreis zur Erhaltung des historischen Stadtgefüges von Bonn am Mittwochabend im Akademischen Kunstmuseum den beiden anderen Investoren des Interessenbekundungsverfahrens, Corpus Immobilien (Architekten Ralph Schweitzer, Pilhatsch & Partner, beide Bonn) und B & L Immobilien (Architekt Alf M. Prasch, Hamburg) noch einmal Gelegenheit, ihre Planungen vorzustellen. Dabei hatte Corpus seine ursprüngliche Planung noch einmal variiert und auf die ursprüngliche Stadtkante von 1910 zurückgenommen. Nach einer lebhaften Diskussion der etwa 60 Zuhörer herrschte die Meinung vor, keine der zuletzt drei Investoren-Planungen sei entscheidungsreif. So gebe es kein Konzept für die Verkehrsführung, und auch ein Total- oder Teilabriss der so genannten Südüberbauung (Hotel Conti) berge zuviele Unwägbarkeiten. Eine entsprechende Resolution wurde gestern dem Rat übergeben.

Nach dem Bund Deutscher Architekten (bda) Bonn-Rhein-Sieg und der Bürgerversammlung Anfang Januar (wir berichteten) hatten sich kurz vor der gestrigen Ratssitzung noch der Bonner Architekt Peter Riemann und das Verkehrsforum Bonner Bürgerinitiativen kritisch zu Wort gemeldet. Riemann wandte sich gegen eine Vorentscheidung zum jetzigen Zeitpunkt, weil die übrigen Planungen im Bereich des Hauptbahnhofs (Bauvoranfrage für die Quantiusstraße, Planungen für eine Anschlußbebauung zwischen Landesversicherungsanstalt und Thomas-Mann-Straße entlang der Rabinstraße) „künstlich ausgeblendet" würden.

Auch das Verkehrsforum kritisierte die Festlegung des Rates als verfrüht, weil keiner der Entwürfe „sich auch nur annähernd in ausreichender Weise mit der verkehrlichen Situation befasst"; auch fehle es an einen schlüssigen Verkehrskonzept der Verantwortlichen in Rat und Verwaltung, und die Stadtwerke, „die an dieser Planung unbedingt beteiligt werden müssten", hielten sich „unverständlicherweise völlig heraus".(wps)

Aus:
Bonner Rundschau,
12.05.2000

AUSZÜGE AUS DEM REDEBEITRAG
von Bärbel Dieckmann (Redestichpunkte)[1]
FREITAG, 4. April 2003

4. und 5. April / 1. Konvent der Baukultur

Internationales Kongresszentrum, Bundeshaus Bonn

Begrüßung zum „Festakt der Baukultur": Gefeiert wird, was beginnen soll: Das Werk der Bundesstiftung Baukultur. Gefeiert werden diejenigen, die bisher gute Leistungen der Baukultur erbracht haben, Preisträger aus Architektur, Städtebau und Ingenieurbauwesen.

Die Stadt ist der Ort, an dem Baukultur stattfinden muß:
Wie bei der Kommune als Grundelement der Demokratie geht es beim Bauen auf städtischer Ebene um Öffentlichkeit, um Transparenz des Geschehens. Der langjährige Kulturdezernent der Stadt Frankfurt, Hilmar Hoffmann, hat den Begriff „Kultur für Alle!" geprägt. Er meinte damit keine Nivellierung der Hochkultur, die Abschaffung von Eliten, sondern die Kultur zugänglich und erreichbar für Alle zu machen.

Genauso geht es um eine „Baukultur für Alle!":

---

1 Ausdrücklich sei angemerkt: Der Text gibt die Stichpunkte in ursprünglicher Fassung wieder. Die Rede wurde frei gehalten.

Teilnahme an Planungsverfahren (Erörterungen, Diskussionen des Bauens) Zugänglicheit und Erlebbarkeit
Baukultur im Alltagsleben: Auch jenseits der „Leuchtturmprojekte" geht es darum, hohe Qualitäten zu erzielen. Dies ist keine Frage des Geldes, sondern guter Konzepte.

Baukultur kann nicht ohne Planungskultur sein - Der Prozess ist wichtig! Denn:

- Das Bauen berührt vielerlei Interessen, öffentliche wie private.
- Die Gestalt der Gebäude bestimmt auch die Qualität öffentlicher Räume - es geht Jeden an.

Die Kernfrage ist also: Wie kann man in einem möglichst offenen Prozess eine möglichst gerechte Abwägung der Interessen hinbekommen? Wer sich mit Baukultur, mit Bauen im Alltag einer Stadt beschäftigt, muss Antworten auf diese Frage finden.

Damit sind wir schon mitten in Bonn:
Die Stadt Bonn ist der deutsche Standort der Baukultur der Demokratie
als Bauherr:

bis in die 90er Jahre hinein rund _ [sic] Jahrhundert lang Bauaktivitäten des Bundes mit ständig steigender Intensität und Qualität
seither geht es um Nutzen und Erhalten, Renovieren und Modernisieren und sogar Erweitern

Die Stadt Bonn pflegt Planungskultur:

Bei wichtigen Investitionsprojekten setzt sich die Stadt dafür ein, dass in Konkurrenzverfahren für die beste Lösung der Bauaufgabe gerungen wird.
Bonn pflegt den öffentlichen Diskurs um städtebauliche Entwicklungen und wichtige Projekte. (Zusammenarbeit mit Bürgern im Rahmen der Integrierten Handlungskonzepte)

Wichtig ist: In diesen Verfahren lernen Verwaltung, Politik und Bürger, miteinander konstruktiv umzugehen. Verwaltung lernt, scheinbare Selbstverständlichkeiten auf den Prüfstand zu stellen; Politik lernt, dass es manchmal auch etwas für sich haben kann, sich zurückzunehmen; Bürger lernen, dass es neben den eigenen Interessen auch noch andere gibt und dass in einer Abwägung nicht alles zu 100% berücksichtigt werden kann - und dass der Konsens, mit dem alle leben können, das Ziel ist, nicht der Kompromiss, den eigentlich keiner gut findet.

Bonn hatte im Strukturwandel das Stehvermögen, in regionaler Kooperation mit einem partnerschaftlich entwickelten <u>Leitbild - „dem Fünf-Säulen-Modell"</u>- zu operieren und die Raumentwicklung mit allen Hilfen, die die Region erhalten hat, hierauf auszurichten.

Nach 1991 (Hauptstadtbeschluss) wurden in Bonn viele hervorragende Bauwerke fertiggestellt. <u>Ein Erfolg der Stadt Bonn ist, in schwieriger Lage den Anspruch auf Qualität aufrecht erhalten zu haben</u>. Mit den jeweiligen Bauherren – dem Bund, großen Firmen – hat sich die Stadt immer gemeinsam um die erforderliche Qualität bemüht.

Letztendlich konnten die jeweiligen Partner davon überzeugt werden, dass dieses „mehr" an Qualität auch ökonomischen Mehrwert bringt. Wer durch Bonn geht, wird dies an vielen Stellen sehen. Bonn ist eine Stadt, die viele Qualitäten aufweist. Um diese zu erhalten, brauchen wir eine qualitätvolle, hochstehende Baukultur - unter Wert dürfen wir unseren kostbaren Stadtraum nicht hergeben. Dieser Anspruch ist auch für die Investoren ein Mehrwert, denn an der Qualität der Stadt hängt auch der Wert ihrer Investition.

<u>Was kann eine Stadt in Zeiten knapper Kassen für die Baukultur tun - auch wenn sie selber kaum noch bauen kann?</u> Sehr viel, fast genauso viel wie mit vollen Kassen:

<u>Aufgabenwalter der Allgemeinwohl-Interessen sein</u>, aber ohne ökonomische Interessen der Bauherrn zu negieren:

- Kompetent erarbeitete, angemessene und verlässliche planerische Leitlinien setzen
- Kultur der Konkurrenz pflegen: wie in der Wirtschaft gilt auch beim Bauen: unter Konkurrenz kommen die besten Lösungen zu Tage
- Verfahren *von* Beteiligung und Mitsprache der Bürger, Interessenabgleich und -abwägung professionell organisieren
- politisch verlässliche Entscheidungen herbeiführen

<u>Kernaufgaben wahrnehmen:</u>
- Helfen, dass das bauliche Erbe erhalten und genutzt werden kann, d.h. auch zeitgemäße Umgestaltungen ermöglichen
- Neue Wege finden, das öffentliche Vermögen an Bauwerken und Infrastruktur besser instandzuhalten

<u>Schlusswort:</u> Sie befinden sich auf dem Weg zu einer Bundesstiftung Baukultur. Morgen werden Sie in diesem Konvent die entscheidenden Schritte diskutieren. Bonn ist geehrt, der Gastgeber des Stiftungsauftaktes zu sein.

Ich würde mich freuen, wenn Bonn in Zukunft nicht nur Gastgeber, sondern auch Heimat der Bundesstiftung Baukultur werden könnte.

Die Ausführungen des Redners sind mit dem Manuskript zu vergleichen. Es gilt das gesprochene Wort.

Peter Riemann

Bahnhofsbereich Bonn –
Entwicklung und Verfahrenskonzept
4. März 2004

Nach dem Interessenbekundungsverfahren (1) wurde mit der Fa. Brune Consulting durch Entscheidung des Rates am 06.02.2003 ein Projektentwicklungsvertrag (2) am 04./06. Juni2003 abgeschlossen,mit Verlängerungen am 10./12.12.2003 und am 26./03. bzw.15.04.2004 (vor 2. Schreiben von Corpus am 05.04.2004 an die OB und vor der Bürgerversammlung am 21.04.2004; blau = Unterschrift Stadt Bonn).

Als Entscheidungsgrundlage dienten drei unterschiedliche Konzepte der Projektentwickler (siehe 2) und ihrer Architekten SK/Corpus (Schweitzer/Pilhatsch), B&L Immobilien (Prasch) und Brune (Chapman/Taylor und Schommer).

Wesentliche Grundlage bei einem konkurrierenden Verfahren sind eindeutige Vorgaben und Auswahlkriterien, und die Vergleichbarkeit der Entwürfe. In der „Grauzone" der Projektentwicklungsphase ohne definitive Investorenbindung (3) ist es daher äußerst wichtig, „daß eine eindeutige politische Willensbildung bezüglich der Inhalte besteht" (Zitat Prof. Chr. Thalgott, Stadtbaurätin München).

Weder war beim Bahnhofsbereich die *konzeptionelle Vergleichbarkeit* gegeben (unterschiedliche Ausnutzung der Grundstücke und Nutzungsvorschläge [sic] wegen der offenen „Rahmenvorgaben" durch die Stadt Bonn, unterschiedliche oder alternative Handhabung der Südüberbauung, unterschiedliche Verkehrslösungen und Umgang mit DB Grundstücken, etc.), noch wurde eine <u>Vergleichbarkeit/ Nachprüfbarkeit speziell für die Finanzierung/Grundstückspreise hergestellt</u>.

Die Wertermittlung nach dem BauGB und den einschlägigen Richtlinien (WertR2002, WertV) schreibt vor, daß Geschäftsgrundstücke nach § 75 BewG nicht nach dem Vergleichswertverfahren (4) (z.B.beim Wohnungsbau),sondern nach dem Ertragswertverfahren (5) ermittelt werden.

Entscheidend ist also nicht ein fixer Grundstückspreis (z.B.nach der Bodenrichtwertkarte (6) des Gutachterauschußes (7) bei der Stadt Bonn) sondern <u>die künftige Ausnutzung des Grundstückes!</u>

Üblicherweise hat es sich bei seriösen Vorhaben eingebürgert, eine Investitionsberechnung (8) aufzustellen und diese im Rahmen der Projektentwicklung mit dem Bau- und Nutzungskonzept vorzulegen. Eingebürgert hat sich dabei die Kaufpreisermittlung für Grund und Boden nach dem sog. (angelsächsichen) Residualverfahren (9).

Zu dem *zweiten Unvergleichbarkeitsaspekt* der Bodenpreise kommt als *dritter* die *unterschiedliche Erschwernis im Baugrund*, je nach Lage/ Größe der geplanten Baumassen hinzu (U-Bahn, Tiefgaragen, Leitungstrassen, Rückbau- bzw. Abrißkosten der Südüberbauung, etc.). Dieser Umstand (Oberflächenbeschaffenheit und Baugrund) sind jedoch ein wichtiges Merkmal bei der Wertermittlung (§ 9 BewG).

Unterschiedliche Ausgangslage und Uneindeutigkeit führten nach der Entscheidung pro Brune zu der Möglichkeit, „Rahmenvorgaben" aufzuweichen („Südüberbauung kein Junktim mehr", Trommer im GA), Wünsche und Forderungen der Arbeitskreise des sog. „Integrierten Handlungskonzeptes" (10) nur marginal zu berücksichtigen und notwendige Verkehrskonzepte und ihre Auswirkungen nicht zu prüfen („nicht Sache des Investors").

Die fehlende Verkehrskonzeption und -infrastruktur wurde auch nicht parallel zum Baukonzept, sondern danach für die übriggebliebenen Restflächen entwickelt und mit einer vorgeblich „wissenschaftlich" Methode des City-Traffic (11) „abgesichert". Um der Kritik an der Diffusität des Verfahrens zu begegnen, wurde behauptet:

a)   das Konzept des „Investors" Brune (12) sei das optimalste,

b)   es stünde kein anderer Investor mehr bereit und

c)   Brune/Concepta würden „abspringen", bzw. es würden Kosten entstehen

Im Vorfeld der Ratsentscheidung am 06.02.2003 war scheinbar weder das Interessenbekundungsschreiben von SK/Corpus an Herrn Trommer vom 22.01.2003 noch die Antwort von Prof. Mainzer auf die von der Verwaltung angedachte Teilrealisierung nur des nördlichen Bereiches der mall [sic] bekannt gemacht worden (Schreiben vom 07.02.2003).

Unberücksichtigt blieb auch die Kritik von Verbänden und Fachleuten wegen der vielen noch ungeklärten Fragen zumindestens zum damaligen Zeitpunkt noch keine Vorentscheidung für einen Projektentwickler zu treffen (Anlage 1).

Nicht nachvollziehbar war auch der Auftritt der OB und des Wirtschaftsförderes auf der Immobilienmesse MIPIM in Cannes Anfang März 2004, wo das Projekt trotz Vorhandensein eines Investors „angeboten" wurde (Anlage 2 GA vom 13.03.2004). Auch die Verlängerung des Projektentwicklungsvertrages ca. eine Woche vor der Bürgerversammlung erscheint unangemesssen voreilig.

Die Entwicklungsgeschichte des Projektes entspricht daher weder dem „Ringen um die beste Lösung" (Zitat Trommer) noch dem Gesetz für Stadt-BauKultur (13):

„Wo zu früh fertig geplant wird und erst danach die Bürger nach ihrer Meinung gefragt werden, führt das mit zunehmendem Selbstbewußtsein der Bürger oft zu Problemen, die sich in Initiativen von einzelnen Interessengruppen und langwierigen juristischen Prozessen mit entsprechenden Verzögerungen auswirken" und das MSWKS (Ministerium für Städtebau, Wohnen, Kultur und Sport NRW) schreibt:

„Lebendige, vielfältige Innenstädte sind ein wichtiger Standortfaktor. Doch leider haben unsere Städte mit beträchtlichen Problemen zu kämpfen: Urbanitätsverlust, Strukturwandel, Konkurrenz durch den Einzelhandel auf der „Grünen Wiese, soziale Polarisierung, mangelnde Sicherheit und Verkehrsüberlastung gefährden ihre Attraktivität. Diese Entwicklung muß gestoppt werden".

Ob das Brune Projekt seinem Volumen nach (ca. 40.000 qm Nutzfläche) das „Grüne Wiesen-Problem" löst (oder ein anderes schafft) ist fraglich. Ganz sicher jedoch sind die anderen Kriterien (fehlender Stadtraum, Soziales/Sicherheit und Verkehr) ungenügend bzw. gar nicht berücksichtigt worden.

Der drohenden Gefahr, die Identität Bonns und damit seinen Standortvorteil zu beschädigen, sollte folgendermaßen begegnet werden:

1.) Aufhebung des Projektentwicklungsvertrages mit der Projektentwicklungsgesellschaft PBB wegen erkennbarer Probleme bei der Umsetzbarkeit, Eingehen auf die Forderung des Bürgerbegehrens,

2.) Neuausschreibung eines begrenzten Einladungswettbewerbes nach RAW 2004/RPW (früher: sog. Gutachterverfahren).

Bahnhofsbereich Bonn - Erläuterungen

(1)   Interessenbekundungsverfahren = einleitendes, relativ offenes Verfahren (Testen der Nachfrage) für ein Bauvorhaben mit einem Investor,wenn die Kommune nicht selbst baut und keinen Architektenwettbewerb durchführen will, um ergebnisorientiert anzubieten.

(2)   Projektentwicklungsvertrag = Vertrag zwischen Grundstückseigentümer und Projektentwickler (P.), um während der Bearbeitung/Planung nicht in Konkurrenz mit anderen Projektentwicklern arbeiten zu müssen (Sicherung der geleisteten Arbeit im Hinblick auf Realisierung des Bauvorhabens, jedoch ohne Vergütungsanspruch). *Oberstes Ziel der Projektentwicklung ist zunächst nur die Sicherung des Grundstückes!*
Danach gibt es zwei Möglichkeiten, entweder P. wird vergütet und „steigt aus“ oder entwickelt/realisiert zusammen mit Investor („joint venture“). Bisweilen ist auch eine Projektentwicklung abgeschlossen und der Investor bleibt aus, oder springt ab (z.B. Zementfabrik Bonn, nördl. Grundstück nach Arch.-Wettbewerb hat „Albis“ als Developer plötzlich keinen Investor mehr).

(3)   Investorenbindung = vertragliche Bindung zwischen Kommune/Grundstückseigentümer zur Realisierung eines Bauvorhabens und damit verbundenem Kauf des Grundstückes und der Verpflichtung zur Umsetzung des Projektes. Der Investor tritt in der chronologischen Abfolge relativ spät auf.

Zuerst: Projektentwicklung, dann meist Gründung einer „Projektrealisierungsgesellschaft" (z.B. GmbH, zwischen P. und/oder Betreiber und Investor).
Relativ nichtssagende Konstruktion im Sinne eines gemeinsamen Wollens, zumal Investoren (inkl. ihrer Hausbanken) abspringen oder wechseln können (s.o.).

(4)   Vergleichswertverfahren = *statistische* Ermittlung anhand vergleichbar gemachter Grundstücke, die bereits verkauft wurden.

(5)   Ertragswertverfahren = *ökonomisches* Verfahren zur Ermittlung des Gegenwartswertes der zukünftigen Nutzung eines Grundstückes

(6)   Bodenrichtwertkarte = Karte mit lagetypischer Bewertung des Grund und Bodens anhand der statistischen Auswertung der Kaufpreise in einer Kommune (s. Gutachterausschuß)

(7)   Gutachterauschuß = Kollegialorgan von Fachleuten (Arch./ Makler/Vermesser/Verwaltung, Gutachter, etc.) zur stat. Auswertung von Preisen aus Immobilienkäufen und -verkäufen. Grundlage sind die Notar(kauf)verträge.

(8)   Investitionsberechnung = Aufstellung einer Kosten-Nutzenanalyse für eine zu tätigende Investition zur Berechnung des „profits". Wird bei seriösen Investoren oft in grober Form der Kommune vorgelegt.

(9)   Residualverfahren = insbesondere im angelsächsichen Raum bei Investitionsüberlegungen für Großvorhaben weit verbreitet.Wird in zunehmendem Maße in Deutschland angewandt. Berücksichtigt die guten Kenntnisse des Investors von Baupreisen und Vermarktungs-

möglichkeiten der Immobilie. Es wird die höchst zulässige Bebauung und die beste Nutzungsmöglichkeit unterstellt. Sonderfall des (deutschen) Ertragswertverfahrens mit großer Streubreite (Genauigkeit des Ergebnisses abhängig von der Genauigkeit der ermittelten Einzelfaktoren).

Für einen fiktiven Baukörper wird der erzielbare Reinertrag oder Verkaufspreis nach abgeschlossener Entwicklung kalkuliert. Davon werden die Investitionskosten und der Unternehmergewinn abgezogen. Der verbleibende Rest (Residuum) kann für den Kauf des Grundstücks angesetzt werden.Beim Res.-verfahren steht Rendite im Vordergrund. Das Residuum (= quasi der Ankaufspreis für das Grundstück) ergibt sich aus der Differenz zweier großer Wertkomponenten (Reinertrag/ Erlös minus Investitionskosten) und stellt im Verhältnis zu ihnen eine kleine Größe dar.

Für Bonn heißt das: bei ungenauer Kenntnis der Bodenverhältnisse (U-Bahn, Südüberbauung) und der Infrastruktur (Verkehrsbauwerke, TG's) und einem – nach Intervention der Bürger - nicht genau zu definierenden Bauvolumen ist die Unsicherheit über die Kaufpreissumme, den die Stadt erhalten könnte, größer denn je.

(10)   Integriertes Handlungskonzept = politisches „Rundumkonzept" um bei komplexen städtebaulichen Sachverhalten möglichst viele Gruppen und Betroffene in die Planung von Kommunen und Investoren rechtzeitig zu integrieren.

(11)   City-Traffic = digitales Verkehrslenkungsinstrument eingerichtet, um real existierende Verkehrsströme zu überwachen und zu lenken.

Die Behauptung, damit zukünftige Verkehrsströme (die noch nicht empirisch erfassbar sind) bestimmen und die Funktionsfähigkeit einer Planung bewerten zu können ist, unwissenschaftlich und verwegen, zumal wenn keine Verkehrsprognose bei wachsender, durch das Bauvorhaben eintretende Veränderung, berücksichtigt wird.

(12)   Investor „Brune"

Die Fa. Brune ist kein Investor sondern Zentrenbetreiber und Projektentwickler. Im vorigen Jahr hat sich *Brune Consulting* (<u>www . brune-consulting.de</u>) lt.Bericht der Immobilienzeitschrift (IZ 25/2003) von seinen Mitarbeitern Dr. lsenhöfer, Körver und Martin getrennt, um sich in Duisburg, Hannover, Budapest, Stuttgart und Berlin zu engagieren.
Das Bonner Projekt wurde von den drei Mitarbeitern (Fa. Concepta) weiterentwickelt (<u>www.concept-projektentwicklung.co</u>m) in Zusammenarbeit mit Brune und dem Investor/Projektentwickler Stoffel (<u>www.stoffel-holding.de</u>) aus Berlin.
Laut Internetauftritt will Stoffel wohl nur die shopping mall realsieren (bestätigt von einem der Brune Geschäftsführer auf der ersten Bürgerinformation.)
Als Investor wird die PBB genannt, ein Zusammenschluß von Concepta und Stoffel zu je 50% (siehe unter 3, Projektrealisierungsgesellschaft).
Für die Baufelder C und D gibt es offenbar noch keinen Investor. Diese Projektabschnitte befinden sich auf der Internetseite der Projektentwickler Brune und Concepta im Vermarktungszustand.
Indiz für eine lnvestorensuche sind die Vermarktungsbemühungen des Projektes auf der Mipim in Cannes im März 2004 durch die Stadt Bonn.

(13)   Stiftung Baukultur = am 4. April 2003 beim 1.Konvent als Stiftung des Bundes im Plenarsaal Bonn auf den Weg gebracht. Vorbildfunktion für Öffentliches Bauen. Gastredner: Herr Trommer stellvertretend für Frau Dieckmann. Zitat: *„Die Gestalt der Gebäude bestimmt auch die Qualität öffentlicher Räume"* und *„die Stadt setzt sich dafür ein, daß in Konkurrenzverfahren für die beste Lösung der Bauaufgabe gerungen wird. Bonn pflegt den öffentlichen Diskurs um städtebauliche Entwicklungen und Projekte".*

(www.bmvbw.de/baukultur und Generalanzeiger Sonderbeilage vom 5./6. April 2003.

(14)   MSWKS = Ministerium für Städtebau, Wohnen, Kultur und Sport in NRW.
Betont die Gleichrangigkeit der einzelnen Komponenten einer „gesunden" Stadt, also nicht nur die Wirtschaftskraft, sondern auch Erhalt und Stärkung von Identität gewachsener Strukturen unter Berücksichtigung sozialer und infrastruktureller Komponenten.

p. riemann, 04.03.2004

Bürgerbegehren 2004 gegen die Brune-Planung
18.100 gültige Unterschriften wurden gesammelt

Bürgerbegehren Bebauung Bahnhofsvorplatz Bonn gemäß § 26 GONW

Abstimmungstext:
Ja, ich bin dafür, dass die Verhandlungen über die bisherige Planung (CONCEPTA Projektentwicklung GmbH) zur Bebauung des Bahnhofsbereiches ("Bahnhofsvorplatz") gestoppt werden und seine Neugestaltung öffentlich neu ausgeschrieben wird.

Begründung: Die Bebauung des Bahnhofsbereiches ("Bahnhofsvorplatz") sollte so gestaltet werden, dass alle Verkehrsteilnehmer (ÖPNV, Fußgänger, Fahrradfahrer, PKW und LKW) angemessenen Bewegungsspielraum erhalten und vor dem Bahnhof genügend Freiraum entsteht, um ein attraktives "Eingangstor" zur Bonner Innenstadt zu gestalten. Dazu ist ein Abstand zwischen Bahnhof und der Gebäudekante der Neubebauung von mindestens 27 Meter erforderlich! Ein Abriss oder Rückbau der "Südüberbauung" wäre dabei wünschenswert.

Kostendeckungsvorschlag: Durch den Abbruch der derzeitigen Verhandlungen entstehen nach Angaben der Stadtverwaltung vertragsgemäß keine Kosten für die Stadt. Die Verhandlungen mit den künftigen Investoren sind so zu führen, dass die von der Stadt zu erbringenden Investitionsleistungen den Wert der von der Stadt eingebrachten Grundstücke nicht übersteigen, so dass auch hier gegenüber dem derzeitigen Vorgehen keine Mehrkosten entstehen. Zur Deckung der Kosten für die erneute Ausschreibung, die nach Informationen der Stadtverwaltung schwer zu definieren sind, aber eine Summe von 150.000 € sicher nicht überschreiten, wird eine entsprechende Kürzung des Haushaltstitels 6300.511.00000 "Unterhaltung Gemeindestraßen" vorgeschlagen. Sollten – wider Erwarten - die Kosten der Neuausschreibung nicht aus diesem Haushaltstitel zu erbringen sein, sollen die Kosten durch eine entsprechende Einsparung bei den "Sächlichen Verwaltungskosten" erreicht werden. Sollte auch dies nicht möglich sein, ist die städtische Vergnügungssteuer entsprechend anzupassen.

Berechtigt, die Unterzeichner zu vertreten, sind:
1. Dr. Olga Sonntag, , 53115 Bonn; 2. Gisela Loh, 53173 Bonn; 3. Thomas Schmidt, 53175 Bonn.

Name	Vorname	Straße	PLZ/Ort	Geburtsdatum Tag/Monat/Jahr	Unterschrift

Unterschriftsberechtigt sind alle zur Kommunalwahl berechtigten Bonner Bürgerinnen und Bürger (ab 16 J. inkl. EU-Ausländer/Innen) aus allen vier Stadtbezirken.
Unterschriebene Liste - ggf. auch nur mit einer Unterschrift - bitte zurück an eine(n) der drei oben erwähnten Vertretungsberechtigten.

Pro Bahnhofsvorplatz e.V

Vereinsgründung 2006

.

Ziele & Ideen

Zweck des Vereins ist die Unterstützung der städtebaulichen Planung zur Wiederherstellung einer dem Baudenkmal Bonner Hauptbahnhof angemessenen, der Allgemeinheit dienenden Gestaltung des Bahnhofsvorplatzes.

Der Verein Pro Bahnhofsvorplatz bildet einen Zusammenschluss engagierter BürgerInnen und wird die weiteren Planungen kritisch begleiten.

Ziel ist

d) ein angemessener Platz vor dem Bahnhof mit der Sichtachse Poststr.-Bahnhof und einen größeren Abstand zwischen neuer Bebauung und Bahnhof,

e) eine hochwertige, gegliederte und maßstäblich den Übergang zur historischen Stadt bildende Bebauung mit vielfältiger Nutzung,

f) eine Lösung für die Südüberbauung, die in ihrer jetzigen Gestalt eine sinnvolle Neugestaltung verhindert,

g) ein Verkehrskonzept, das die Belange sämtlicher Verkehrsteilnehmer berücksichtigt, nicht zuletzt die der Fussgänger, die auch den
ÖPNV benutzen.

Satzung des Vereins Pro Bahnhofsvorplatz e.V.

Präambel

In den 1970er Jahren stand die städtebauliche Planung u.a. im Zeichen der
„autogerechten Stadt". Demgemäß plante die Stadt Bonn in den 1970er
Jahren, im Bereich des Hauptbahnhofes den Bau einer Stadtautobahn. Wie
aus den Plänen hervorgeht, sollten die Bahnschienen tiefer gelegt, eine
Straßentrasse darüber geführt und das Bahnhofsgebäude abgerissen werden. Diese Pläne wurden nicht verwirklicht, vielmehr führte ein einsetzen-
der Sinneswandel zum Schutz alter Bausubstanz und damit zur Erhaltung
des Bahnhofsgebäudes. 1986 wurde das Bahnhofsgebäude schließlich unter Denkmalschutz gestellt. Zu diesem Zeitpunkt war im Rahmen der Um-
feldgestaltung des Bahnhofes allerdings bereits mit der Verwirklichung
des früheren Konzepts begonnen worden. Im Rahmen des U-Bahn-Baus
wurden - vor dem Hintergrund des geplanten Gesamtkonzeptes - die Gebäude auf der gegenüberliegenden Seite des Bahnhofes abgerissen und
u.a. die „Südüberbauung" und das „Bonner Loch" errichtet.

§ 1 (Name und Sitz)

Der Verein führt den Namen „Pro Bahnhofsvorplatz"Er soll in das Vereins-
register eingetragen werdenund trägt dann den Zusatz „.e.V."Der Sitz des
Vereins ist Bonn.

§ 2 (Zweck desVereins)

Zweck des Vereins ist die Unterstützung der städtebaulichen Planung zur Wiederherstellung einer dem Baudenkmal Bonner Hauptbahnhof angemessenen, der Allgemeinheit dienenden Gestaltung des Bahnhofsvorplatzes. Der satzungsgemäße Zweck wird insbesondere dadurch verwirklicht, dass der Verein Mittel einwirbt, die behilflich sein sollen, in einer dem denkmalgeschützten Bahnhofsgebäude dienlichen Weise das Problem 'Südüberbauung' zu lösen. Eingeworbene Mittel werden der Stadt Bonn für ihre Maßnahmen zur Verfügung gestellt, wenn die Mitgliederversammlung durch Beschluss feststellt, dass die beschlossene Gestaltung des Bahnhofvorplatzes mit denen des Denkmalschutzes übereinstimmt.

§ 3 (Geschäftsjahr)

Geschäftsjahr ist das Kalenderjahr.

§ 4 (Gemeinnützigkeit, Mittelverwendung)

Der Verein verfolgt ausschließlich und unmittelbar gemeinnützige Zwecke im Sinne des Abschnitts "Steuerbegünstigte Zwecke" der Abgabenordnung. Der Verein ist selbstlos tätig; er verfolgt nicht in erster Linie eigenwirtschaftliche Zwecke. Mittel des Vereins dürfen nur für die satzungsmäßigen Zwecke verwendet werden. Die Mitglieder erhalten keine Zuwendungen aus Mitteln des Vereins. Es darf keine Person durch Ausgaben, die dem Zweck des Vereins fremd sind oder durch unverhältnismäßig hohe Vergütungen begünstigt werden.

§ 5 (Erwerb der Mitgliedschaft)

Vereinsmitglieder können natürliche Personen oderjuristische Personen werden.Der Aufnahmeantrag ist schriftlich zu stellen. Über den Aufnahmeantrag entscheidet der Vorstand. Gegen die Ablehnung, die keiner Begründung bedarf, steht dem/der Bewerber/in die Berufung an die Mitgliederversammlung zu, welche dann endgültig entscheidet.

§ 6 (Beendigung der Mitgliedschaft)

Die Mitgliedschaft endet durch Austritt, Ausschluss, Tod oder Auflösung der juristischen Person. Der Austritt erfolgt durch schriftliche Erklärung gegenüber einem vertretungsberechtigten Vorstandsmitglied. Die schriftliche Austrittserklärung muss mit einer Frist von einem Monat jeweils zum Ende des Geschäftsjahres gegenüber dem Vorstand erklärt werden. Ein Ausschluss kann nur aus wichtigem Grund erfolgen. Wichtige Gründe sind insbesondere ein die Vereinsziele schädigendes Verhalten, die Verletzung satzungsmäßiger Pflichten oder Beitragsrückstände von mindestens einem Jahr. Über den Ausschluss entscheidet der Vorstand. Gegen den Ausschluss steht dem Mitglied die Berufung an die Mitgliederversammlung zu, die schriftlich binnen eines Monats an den Vorstand zu richten ist. Die Mitgliederversammlung entscheidet im Rahmen des Vereins endgültig. Dem Mitglied bleibt die Überprüfung der Maßnahme durch Anrufung der ordentlichen Gerichte vorbehalten. Die Anrufung eines ordentlichen Gerichts hat aufschiebende Wirkung bis zur Rechtskraft der gerichtlichen Entscheidung.

§ 7 (Beiträge)

Von den Mitgliedern werden Beiträge erhoben. Die Höhe der Beiträge und deren Fälligkeit bestimmt die Mitgliederversammlung.

§ 8 (Organe des Vereins)

Organe des Vereins sind
1. die Mitgliederversammlung
2. der Vorstand.

§ 9 (Mitgliederversammlung)

Die Mitgliederversammlung ist das oberste Vereinsorgan. Zu ihren Aufgaben gehören insbesondere die Wahl und Abwahl des Vorstands, Entlastung des Vorstands, Entgegennahme der Berichte des Vorstandes, Wahl der Kassenprüfern/innen, Festsetzung von Beiträgen und deren Fälligkeit, Beschlussfassung über die Änderung der Satzung, Beschlussfassung über die Auflösung des Vereins, Entscheidung über Aufnahme und Ausschluss von Mitgliedern in Berufungsfällen, die Beschlussfassung über die Verwendung der eingeworbenen Mittel sowie weitere Aufgaben, soweit sich diese aus der Satzung oder nach dem Gesetz ergeben. In jedem Geschäftsjahres findet eine ordentliche Mitgliederversammlung statt. Der Vorstand ist zur Einberufung einer außerordentlichen Mitgliederversammlung verpflichtet, wenn mindestens ein Drittel der Mitglieder dies schriftlich unter Angabe von Gründen verlangt. Die Mitgliederversammlung wird vom Vorstand unter Einhaltung einer Frist von zwei Wochen schriftlich unter Angabe der Tagesordnung einberufen. Die Frist beginnt mit dem auf die Absendung des Einladungsschreibens folgenden Tag. Das Einladungsschreiben gilt als den Mitgliedern zugegangen, wenn es an die letzte dem Verein bekannt gegebene Anschrift oder Emailadresse gerichtet war. Die Einladung kann denjenigen Mitgliedern, die über einen Emailanschluss und eine Emailadresse verfügen auch per Email zugesandt werden. Die Tagesordnung ist zu ergänzen, wenn dies ein Mitglied bis spätestens eine Woche vor dem angesetzten Termin schriftlich beantragt. Die Ergänzung ist zu Beginn der Versammlung bekannt zu machen. Anträge über die Abwahl des Vorstands, über die Änderung der Satzung, Verwendung der Mittel und über die Auflösung des Vereins, die den Mitgliedern nicht bereits mit der Einladung zur Mitgliederversammlung zugegangen sind, können erst auf der nächsten Mitgliederversammlung beschlossen werden. Die Mitgliederversammlung ist bei Anwesenheit eines Drittels der Mitglieder beschlussfähig. Wird in einer Sitzung die Beschlussfähigkeit nicht erreicht oder fällt sie während der Sitzung weg, so ist der Vorstand berechtigt, binnen 4 Wochen eine erneute Versammlung einzuberufen. Diese ist dann unabhängig von der Zahl der erschienen Mitglieder beschlussfähig (Notbeschlussfähigkeit) In der Einladung zur zweiten Sitzung ist auf die Notbeschlussfähigkeit hinzuweisen.

Die Mitgliederversammlung wird von einem Vorstandsmitglied geleitet. Zu Beginn der Mitgliederversammlung ist ein Schriftführer zu wählen. Jedes Mitglied hat eine Stimme. Das Stimmrecht kann nur persönlich oder für ein Mitglied unter Vorlage einer schriftlichen Vollmacht ausgeübt werden. Jedes Mitglied kann nur maximal ein anderes Mitglied vertreten. Bei Abstimmungen entscheidet die einfache Mehrheit der abgegebenen Stimmen. Satzungsänderungen und die Auflösung des Vereins können nur mit einer Mehrheit von 2/3 der anwesenden Mitglieder beschlossen werden. Stimmenthaltungen und ungültige Stimmen bleiben außer Betracht. Über die Beschlüsse der Mitgliederversammlung ist ein Protokoll anzufertigen, das vom Versammlungsleiter und dem Schriftführer zu unterzeichnen ist.

§ 10 (Vorstand)

Der Vorstand im Sinn des § 26 BGB besteht aus dem/der 1. und 2. Vorsitzenden und dem/der Kassierer/in. Sie vertreten den Verein gerichtlich und außergerichtlich. Zwei Vorstandsmitglieder vertreten gemeinsam. Der Vorstand wird von der Mitgliederversammlung auf die Dauer von zwei Jahren gewählt. Vorstandsmitglieder können nur Mitglieder des Vereins werden. Wiederwahl ist zulässig. Der Vorstand bleibt solange im Amt, bis ein neuer Vorstand gewählt ist. Bei Beendigung der Mitgliedschaft im Verein endet auch das Amt als Vorstand.

§ 11 (Kassenprüfung)

Die Mitgliederversammlung wählt für die Dauer von einem Jahr eine/n Kassenprüfer/in. Diese/r darf nicht Mitglied des Vorstands sein. Wiederwahl ist zulässig.

§ 12 (Auflösung des Vereins)

Bei Auflösung des Vereins oder bei Wegfall steuerbegünstigter Zwecke ist das Vermögen zu steuerbegünstigten Zwecken zu verwenden. Beschlüsse über die künftige Verwendung des Vermögens dürfen erst nach Einwilligung des Finanzamtes ausgeführt werden.

Bonn, den 10.04.2006

Innenstadt zu verkaufen

Die Firma ECE darf immer neue Einkaufscenter in die Citys klotzen. Die Kommunalpolitik gibt damit ihren Einfluss preis

Von **Rainer Frenkel**

26. Oktober 2006   Quelle: DIE ZEIT, 44/2006

AUS DER ZEIT NR. 44/2006

Heinrich Hasselmann nennen sie gern den Bürgermeister. Er ist Manager des Alstertal Einkaufs-Zentrums (AEZ) in Hamburg und somit Herr über 240 Fachgeschäfte auf 59000 Quadratmetern Einkaufsfläche.

Der Ehrentitel Bürgermeister erzählt, wenn auch halb im Scherz, vom Selbstverständnis der Betreiber. Denn die bieten alles, was der Mensch so braucht oder zu brauchen glaubt. Eingebettet in feinstes Ambiente. Umsorgt von einem Service, der demnächst von der Kinderbetreuung bis zur Autoreparatur das perfekte Einkaufen garniert.

Wer das Zentrum betritt, links teure Uhren, rechts teure Schuhe, steht schnell vor einem Springbrunnen, dessen Rhythmus spielende Kinder durch Handauflegen bestimmen - man möchte in einem der schweren, schwarzen Ledersessel verbleiben und einfach zuschauen.

Der Bürgermeister erläutert das Prinzip der Ladenstraße. Es ist das Mall-Prinzip, und es ist ganz einfach und sehr erfolgreich. Am linken und am rechten Ende jeweils ein Magnet-Mieter, zum Beispiel Galeria Kaufhof und Peek & - Cloppenburg. Zwischen beiden die Flaniergänge, bestückt mit Fachgeschäften aller, auch der teuersten Art. Im Basement geht es schlichter zu, links ein Penny-Markt, rechts Budnikowsky - die gediegene Inneneinrichtung bleibt dieselbe. Überall Cafés, kleine und große Restaurants, ein Fruchtsaftstand.

Ein Drittel der Mieter hat hier Einzelgeschäfte, ein Drittel ist in der Region zu Hause, die anderen überregional oder international bekannt. Die Grundmieten sind nach Ertragslage der Händler gestaffelt die teuerste übertrifft die billigste um das Vierfache.

Quersubvention nennt das die Branche. Die Mode hilft den Lebensmitteln.

Mieter zu finden ist offenbar kein Problem, die Nachfrage ist hoch.

Nur Spezial-Anbietern wie teuren Juwelieren müssen wir nachgehen, sagt der Bürgermeister. Im Branchenmix ist der Bereich Mode und Lifestyle mit über fünfzig Prozent vorn - es folgen Lebensmittel und Homing, das sind Geschenkartikel, Glas, oder Gardinen, mit jeweils etwa zehn Prozent. Wer hier einkauft, kommt zu 70 Prozent aus Hamburg und Umgebung.

Die Neueröffnung des Alstertal Einkaufs-Zentrums passt in die Szene.

Denn den Städten geht es schlecht. Seit zehn Jahren stagniert der Verbrauch, während die Verkaufsflächen wuchern. Noch vor 30 Jahren konnte ein Händler auf 70, 80 Quadratmetern leben. Heute braucht er das Zehnfache, um auf seine Kosten zu kommen. Also zog er aus dem kleinen Laden in der Stadt in das Center auf der grünen Wiese vor der Stadt. Das Ladensterben wanderte vom Dorf in die Stadt. Leerstand nennt man das, was dabei herauskommt, trading down im Fachjargon.

Gleichzeitig schmelzen, nicht nur im Osten Deutschlands, die Einwohnerzahlen dahin. Zu besichtigen ist nicht allein die leere Ladenhöhle, sondern, schlimmer noch, die schrumpfende, die perforierte Stadt.

Dass all diese Erscheinungen nach Hilfe rufen, versteht sich. Dass die Kommunen das Geld nicht haben, um gegenzusteuern, ist bekannt. So hoffen denn Oberbürgermeister, Stadtentwickler und Stadtplaner, die das Leben in die Innenstadt zurückholen wollen, auf Shopping-Center oder Malls, Einkaufswelten unter Dach. Auch die Kritiker dessen, was dann entsteht, gehen bis dahin mit.

Erst an der Zauberformel scheiden sich die Geister. Und die heißt ECE Projektmanagement. ECE, das stand einmal für Einkaufs-Center-Entwicklungsgesellschaft, die wiederum zum Otto-Versand-Konzern gehört. Da das Immobiliengeschäft der 1965 gegründeten Gesellschaft jedoch breiter geworden ist, nennt man sich heute ECE Projektmanagement GmbH & - Co KG, Geschäftsführer ist der 39-jährige Alexander Otto. Kern der Unternehmung ist die Entwicklung, Realisierung, Vermietung und das Langzeit-Management von Shopping-Centern, gelegentlich beteiligt man sich auch.

Die ECE-Manager sagen: Wir bringen die Lösung. Die Kritiker schimpfen, die ECE bewirke das Gegenteil, sie bringe nicht neues Leben in die Innenstadt, sondern noch mehr Tod.

Entstanden sind bislang 89 dieser Gebilde, davon 70 in Deutschland, davon wiederum 65 in Innenstädten. Unter ihnen das Alstertal Einkaufs-Zentrum in Hamburg. Geplant oder im Bau sind: weitere 20, die Hälfte davon hierzulande.

Zusätzlich möglich sind allein in Deutschland noch einmal 50 Center.

Die Gesamtzahl der innerstädtischen Einkaufs-Center im Lande ist angeblich nicht bekannt. Zumeist heißt es, es seien etwa 85. Die ECE-Leute sprechen von 100. Gleichviel, sie stehen mit ihren 65 für das Ganze. Marktführer sind sie auch in Europa. Und sie denken in großen Zeiträumen, sagt Robert Heinemann, Bereichsleiter Kommunikation. Das mag andernorts bedrohlich klingen. Für Heinemann ists gleichsam ein Markenzeichen des Familienunternehmens Otto.

Gern erzählt er, der schneller spricht, als man zuhören kann, und das in druckreifen Sätzen, wie die Geschäfte auf den Weg kommen. Und es ist immer ganz einfach: die Stadtoberen fragen an, oder ECE geht zu ihnen.

Wir kennen jede größere Stadt und ihr Potenzial, das heißt Brachland im Stadtzentrum oder von der Bundeswehr aufgegebene Flächen. Sobald eine Stadt konkret ins Visier der ECE-Leute gerät, ermitteln sie mit Hilfe der Städte selbst oder von Marktforschern wie der GfK die demografischen Daten. Alters- und Haushaltsstrukturen, Zu- und Abwanderungsgelüste. Daraus resultiert so etwas wie eine wirtschaftliche Prognose. Ist die interessant, schwärmen ECE-Leute aus und befragen Passanten nach ihrem Kaufverhalten.

Es folgt, so erklärt der für die Vermietung zuständige ECE-Geschäftsführer Klaus Striebich, das Lückendiagramm: Jeder lokale Händler wird begutachtet. Was kann er leisten? Was bietet er, was nicht? Sitzt er noch auf einem alten Ross, oder hat er sich den modernen Zeiten angepasst?

Wer besonders leistungsfähig ist, heißt im ECE-Jargon Platzhirsch und wird umworben, in das geplante Center einzuziehen, dort einen Zweit-Standort einzurichten oder aber eine Abteilung.

Kaffeehaus-Vermietung nennen die Planer diesen Teil ihrer Arbeit.

Was sich hier lesen mag wie ein harmloser Bericht über für beide Seiten höchst ersprießliche Geschäftsbeziehungen eine Sichtweise, die die ECE-Leute naturgemäß fördern , hat bei genauerem Hinsehen eine zweite, bedeutsamere Ebene. Denn die Center besetzen nicht allein die geografische Mitte der Stadt und verändern sie so. Sie sind steingewordene Politik. Sie machen variablen öffentlichen Raum zu weitgehend uniformem privatem Raum - es gilt nicht mehr, was die Stadt will, es gilt, was der Eigentümer oder Vermieter will (siehe Bunte Langeweile auf Seite 19).

Das ist natürlich nur möglich, wenn beide Seiten zuvor gut zusammenspielen.

Und dieses gute Zusammenspiel hat zum Beispiel in Hamburg einen sehr konkreten Hintergrund. Eine gute Verflechtung von Politik und ECE. Der ECE-Mann Robert Heinemann sitzt für die CDU als deren bildungspolitischer Sprecher in der Hamburger Bürgerschaft (wie das Landesparlament dort heißt).

Auch Andreas Mattner, ein weiterer ECE-Manager, ist dort CDU-Abgeordneter. Christian Saadhoff, ECE-Pressesprecher, war zuvor in gleicher Funktion für Hamburgs Wirtschaftssenator Gunnar Uldall tätig.

Wer allerdings vermutet, CDU und ECE seien grundsätzlich innig verwoben, wird nicht fündig werden. Vielmehr sind es die jeweiligen Regierungsparteien, die mit ECE paktieren. Alles andere wäre geschäftlich ja auch ziemlich dämlich. Heinemann sagt das so: Es geht quer durch.

Mauscheleien will der Mann nicht erlebt haben, auch keine persönlichen Vorteile. Ich habe noch keine Synergieeffekte gefunden. Doch muss auch er zugestehen: Natürlich ist das alles politisch, irgendwie. Die Diskussionen in den Städten sind politisch. Und: Da ist es gut zu wissen, wie Politik, insbesondere Kommunalpolitik, funktioniert.

Noch besser wissen das jene Funktionsträger, die eigene Interessen zu verfolgen haben. Walter Brune, Städteplaner und Architekt in Düsseldorf, schreibt ironisch, es sei durchaus verständlich, wenn zum Beispiel ein Glaser, Anstreicher, Haustechniker, Lieferant, Baufirmeninhaber oder Statiker, der gleichzeitig Ratsmitglied einer Stadt ist, sich gern seine frierenden Hände an einem solchen Großprojekt wärmen möchte. Er schreibt dies als Mitherausgeber eines Buches, das demnächst an alle Entscheidungsträger in Städten mit mehr als 50000 Einwohnern verteilt wird (aber auch zu kaufen ist): Angriff auf die City kritische Texte zur Konzeption, Planung und Wirkung von integrierten und nichtintegrierten Shopping Centern in zentralen Lagen (Droste Sachbuch, Düsseldorf 2006).

Die politische Mitwirkung kann allerdings für die Akteure auch höchst unerfreuliche Folgen haben. So hat vor wenigen Wochen der Oldenburger Oberbürgermeister und ECE-Fürsprecher Dietmar Schütz sein Amt in der Stichwahl an den bis dahin weitgehend unbekannten Gerd Schwandner verloren - der parteilose, für die CDU antretende Kandidat war, gemeinsam mit den Grünen, gegen das Projekt zu Felde gezogen. Auch in Celle wechselte die Mehrheit im Stadtrat im Kampf gegen ein in der Altstadt geplantes ECE-Center.

Die Herrschaften hätten gewarnt sein können. Schon im Jahr 2002 verlor in Cottbus ein ECE-Befürworter das schöne Amt an seine Widersacherin, eine ECE-Gegnerin. Nach mancherlei Hin und Her und juristischem Gerangel wurde das Vorhaben zwei Jahre später begraben.

Ein besonders gutes Beispiel für das Zusammenwirken privatwirtschaftlicher und öffentlicher Institutionen und deren Vertretern bietet die im Jahr 2000 von ECE-Chef Alexander Otto gegründete Stiftung Lebendige Stadt. In ihr haben sich, laut Prospekt, Ministerpräsidenten, Oberbürgermeister, Vorstandsvorsitzende, Forscher und Kulturschaffende zusammengefunden, um

die Vielfalt (der europäischen Stadt) zu fördern. Die Stiftung veranstaltet
Symposien, unterstützt beispielgebende, kreative Projekte und prämiert
jährlich in einer anderen Kategorie Best-practice-Beispiele für europäische
Städte und Kommunen. Im Stiftungsrat sitzen, unter vielen anderen, die
Politiker Günther Beckstein (Bayerns Innenminister), Matthias Platzeck
(Ministerpräsident Brandenburgs), Krista Sager (stellvertretende
Fraktionschefin der Grünen), Wolfgang Schuster (Oberbürgermeister in
Stuttgart) und Gunnar Uldall (Wirtschaftssenator in Hamburg). Im Kuratorium
wirken neben Alexander Otto unter anderem Wolfgang Tiefensee
(Bundesminister für Verkehr, Bau und Stadtentwicklung), Thomas Mirow
(Staatssekretär im Bundesfinanzministerium, einst Wirtschaftssenator und
Spitzenkandidat der SPD in Hamburg) sowie Fritz Schramma
(Oberbügermeister in Köln).

Niemand bestreitet, dass die illustre Einrichtung gute Arbeit leistet.

Nicht einmal die gelegentlich emotional agierenden Kritiker tun das.

Ihre Kümmernisse sind anderer, grundsätzlicherer Art. Da es sich nicht um eine
der klassischen Bürgerstiftungen, sondern um eine an ein Unternehmen
respektive an die Privatperson Alexander Otto gebundene Einrichtung handelt,
in deren Gremien noch dazu viele ECE-Leute zu finden sind, glauben viele nicht
an Kooperation, sondern an Kollaboration. Holger Pump-Uhlmann,
Mitherausgeber des Buches Angriff auf die City, drückt das so aus: Eine
Vermischung des Gemeinwohls mit den privaten Interessen Einzelner würde
die Lebendigkeit unserer Städte irreversibel schädigen. Stiftung Lebendige
Stadt? Das klingt für ihn wie Hohn.

So viel zum Zwischenreich aus Wirtschaft und Politik. Zurück zu dem, was in
den Städten tatsächlich geschieht, was die massenhafte Ansiedlung von
Shopping-Centern in den Innenstädten bewirkt, auch dazu, wie negative
Folgen zu begrenzen und positive herbeizuführen sind.

Der Ideengeber der Center war ein äußerst erfolgreicher Architekt namens
Victor David Grünbaum, 1903 in Wien geboren, 1980 gestorben. Er war Jude
und floh 1938 in die USA, wo er sich in Victor Gruen umbenannte. Er erfand,
angewidert von der Ödnis der amerikanischen Vorstädte, die Shopping-Malls.
So wollte er das Leben zurückholen, wie er es kannte aus den europäischen
Städten nur eben auf amerikanische Art. 1954 entstand die erste dieser Malls
in Minneapolis. Er erwarb sich, auf Deutsch, die Ehrentitel Vater der
Fußgängerzone, Vater des Einkaufszentrums. Die Gruenisierung der City stand
für deren Revitalisierung. Später, 1973 nach Wien zurückgekehrt, übertrug er
ironischerweise die Europäisierung Amerikas zurück ins alte Europa.

Und spürte rasch, welch ein Irrtum ihm da unterlaufen war. Was in den USA erfolgreich war, zerstörte, wie er fand, die jahrhundertealte gewachsene Stadt, erschien ihm als Ausgeburt von Scheußlichkeit.

Legitimer Erbe Victor Gruens ist Walter Brune, der Düsseldorfer Stadtplaner und Architekt. 80 Jahre ist er alt und mit einem Temperament ausgestattet, das ganz einfach mitreißt. Nicht einmal Pathos fürchtet er: Ich bin ein Wissender, sagt er, und ich bin wütend. Die Politiker machen Städte, die in 1000 Jahren entstanden sind, in wenigen Jahren kaputt.

Das Wissen, von dem er spricht, hat er freilich nicht von Gruen übernommen. Lernen musste er schon selbst. Er hatte die amerikanischen Shopping-Malls kennen gelernt, als er im Auftrag der Weltbank in New York ein Büro für Entwicklungsaufgaben unterhielt. Auch er glaubte zunächst, der Bau von Konsumtempeln sei eine so gute Idee, dass er 1972 in Mülheim an der Ruhr selbst einen errichtete, das Rhein-Ruhr-Zentrum. Auch er wandelte sich zum Paulus. Denn: Nach zwei bis drei Jahren verödete die Innenstadt rasch. Ein Laden nach dem anderen musste schließen. Sein Bau hatte sich als Absauganlage entpuppt. So hat er die Rezeptur verändert. Kein Monster am Rande der Innenstadt, sondern so genannte Galerien - intim integriert ins innenstädtische Gefüge - vielfach angebunden ans Wegenetz und mit einem Sortiment bestückt, das die Läden rundherum nicht überflüssig macht, sondern deren Angebot ergänzt. Das sei ja nicht so schwer, sagt Brune, denn die großen Verkaufsstraßen organisieren sich monostrukturell.

Da lässt sich leicht feststellen, was fehlt Lebensmittel, kleine Läden, Gastronomie. Und das Stadterlebnis kehrt zurück.

Ein Dutzend solcher Dinger hat er gebaut, drei in eigener Regie: die Kö-Galerie in Düsseldorf, den Schwanenmarkt in Krefeld und die Kölner Opern-Passage. Diese drei und den Mülheimer Klotz hat er kürzlich ausgerechnet an seinen Erzfeind ECE verkauft. Er habe schließlich nicht seine Seele mitgeliefert und die Häuser in kundige Hände geben wollen.

Das hindert ihn nicht, die Tricks der Branche zu brandmarken. In seinem Buch schreibt er: Für international tätige Investoren spielten Zahlungen von ein paar Millionen Dollar durch Mittelsmänner überbracht an Abgeordnete, Politiker, Journalisten großer Zeitungen oder sonstige positiv zu stimmende Personen keine Rolle. So war es auch geübte Praxis, in einer örtlichen Zeitung über einen Zeitraum von zwei Jahren nach der Eröffnung bis zu 500 ganzseitige Anzeigen für eine positive Berichterstattung zu schalten. In Deutschland sei das vielleicht noch nicht gang und gäbe, aber dennoch sollte dieses Problem nicht ganz außer Acht gelassen werden.

Vor der Entscheidung werden alle Positionen, die strategisch wichtig sind, besetzt der Oberbürgermeister, der Stadtbaurat, die lokale Zeitung, sagt der

ECE-Kritiker Holger Pump-Uhlmann. Wird auch mit Geld nachgeholfen?
Natürlich gibt es das auch, sagt ein anderer, der nun partout nicht mit Namen
auftreten will. Aber es gibt auch andere Wege, die Entscheidung zu erleichtern,
ein Schwimmbad zum Beispiel (wie in Düsseldorf) oder eine Schlossfassade
(wie in Braunschweig).

All das ist gewiss nicht illegal, allerdings sehr hilfreich. So hilfreich, dass
Grundstücke nicht mehr ausgeschrieben und billig verkauft werden. Und
entsprechende Klagen werden weder von der Justiz noch von der Politik ernst
genommen.

Auch die lokalen Zeitungen gehen dem selten nach. Einen besonderen Ruf hat
sich da die Braunschweiger Zeitung erworben. Sie musste, im März 2005, eine
Rüge des Presserats einstecken, aber nicht, weil sie das Projekt Schloss-
Arkaden in Hunderten von Artikeln fröhlich begleitet hatte. Sondern wegen
Irreführung. Das Blatt hatte anstatt von einem Einkaufs-Center-Vorhaben von
einer Rekonstruktion des Schlosses gefaselt.

Oft verläuft die Entscheidungsphase chaotisch, jedenfalls das
Rahmenprogramm. Als Beispiel mag noch einmal Oldenburg herhalten. Da soll
ein Center neben dem Schloss entstehen, anstelle eines zusammengefallenen
Hallenbades. In einer öffentlichen Diskussion vor zwei Jahren regte sich Angst
um die schöne Stadt mit Flair.

Hauseigentümer, Gastronomie und Einzelhandel erboten sich, gemeinsam zu
investieren. Ein Einzelhandelsvertreter sagte, die lokale Branche sei bereit, der
Stadt das Grundstück für denselben Preis (wie die ECE) abzukaufen, plus einen
Schnaps. Aus dem Publikum tönte es: Lassen Sie Oldenburg den Oldenburgern.
Ein Bürgerbegehren sammelte später 18000 Stimmen gegen das ECE. 120 von
150 Kaufleuten sagten nein. 780 Einwände erhoben sich gegen das
Planfeststellungsverfahren.

Nun sind die Oldenburger Politiker nicht ohne Schuld. In den Fünfzigern rissen
sie klassizistische Bauten ab zugunsten eines Kaufhauses mit Wabenfassade.
Straßenschneisen schlugen sie in ihre Stadt. Und die hübsche Innenstadt ist
praktisch unbewohnbar, weil die Kaufleute, um ebenerdig mehr Verkaufsfläche
zu gewinnen, die Treppen zum ersten Stock herausgerissen haben. In
mindestens 80 Prozent aller Häuser.

Warum nur wollte der abgewählte Oberbürgermeister Dietmar Schütz sich
gegen alle Einwände durchsetzen? Weiß er doch auch, dass die Mieten, wie in
allen anderen Fällen, nach Hamburg abfließen, zur ECE natürlich, und Steuern
dort gezahlt werden, wo die Filialisten ihr Zuhause haben.

Der Abgewählte sagt, es bestehe ein Missverhältnis zwischen den
Verkaufsflächen in der Stadt (90000 Quadratmeter) und im Umland (400000).

Normal wäre ein Verhältnis von eins zu zwei. So ein kleines Ding wie das ECE-Center wäre dringend notwendig für die Innenstadt das kleinste in Niedersachsen. Nun wächst die Kaufkraft raus, wenn nicht doch noch gebaut wird, was durchaus möglich ist. Der Bau-Ausschuss hat positiv entschieden, fehlt nur mehr die Baugenehmigung.

Bürgermeister Schütz hat seine Bürger nicht überzeugen können. So ist es, das sei nicht verschwiegen, nicht immer. In Passau und in Schweinfurt etwa haben die Bürger positiv entschieden.

Im April dieses Jahres hat das Forum Innenstadt und Einkaufszentrum ein Positionspapier abgeliefert, das gleichsam den Überbau zum Thema beisteuert. Die Autoren schreiben, in gelegentlich gewöhnungsbedürftiger Sprache: Viele Innenstädte benötigen eine handelsseitige und städtebauliche Auffrischung. Hierzu können innerstädtische Einkaufscenter einen wichtigen Beitrag leisten. Sie beklagen aber das ihrer Meinung nach massive und vorbehaltlos hingenommene Vordringen der zu großen, zu stereotypen und zu schlecht in die Stadt eingefügten Einkaufscenter.

Da werden sie das im Herbst 1996 eröffnete Centro in Oberhausen im Blick gehabt haben, angeblich die neue Mitte der Stadt, tatsächlich ein monumentaler Fremdkörper, ohne Bindung zur Stadt. Mit verheerender Wirkung auf den Einzelhandel ringsum. Übrigens hätte Walter Brune den Koloss planen sollen. Abgelehnt. Er sagt jetzt: Die Stadt ist platt.

Die Autoren des Positionspapiers könnten aber auch an Essen gedacht haben, wo derweil ein Gigant entsteht mit einem Aufwand von 300 Millionen Euro und einer Verkaufsfläche von 70000 Quadratmetern. Man hätte das Ding in zwei oder drei Teile stückeln sollen, dann wären Verkehr und Leben auch in die Innenstadt geflossen, findet Walter Brune.

Unterdessen gibt es, auch jenseits von Oberhausen, empirische Untersuchungen darüber, was nach Ansiedlung eines Centers geschieht.

Zwei Beispiele: Schwerin und Bayreuth. In Schwerin hat die Universität Greifswald geforscht. Das Ergebnis, in kurzen Strichen: Dem Publikum gefällts. Zwei Drittel der Befragten gaben der Einkaufssituation die Note gut, der Rest befriedigend. Vor dem Bau des Schlosspark-Centers lag die Durchschnittsnote bei 3,6. Der Handel (ohne Center) leidet an Umsatzeinbußen von durchschnittlich 39 Prozent. Die Leerstände in der Altstadt haben sich zwischen 1997 und 1999 auf 6800 Quadratmeter verdoppelt. 1998 war der Schlosspark eröffnet worden.

Bayreuth, das Rotmain-Center, ein Jahr zuvor in Dienst gestellt. 27 Prozent der Händler erleben einen starken, 39 Prozent einen spürbar negativen Einfluss. Die Besucher sind auch hier zufrieden.

Nun gilt es gewiss nicht, den Einzelhandel unter Naturschutz zu stellen, veraltete Strukturen gar gegen die Interessen der Kunden zu verteidigen. Wer aber ein riesiges Center neben die alte Innenstadt stellt, belebt sie nicht, sondern lässt sie veröden. Und nimmt, ganz nebenbei, ihren Immobilien, die ja auch entsprechend finanziert sind, großen Wert in Oberhausen, über Nacht, fast die Hälfte.

Auch dies bedacht zu haben, darf Duisburg für sich in Anspruch nehmen.

Nach langem Kampf allerdings. An der Front, sieben Jahre lang: Astrid Schultz, Geschäftsführerin der Industrie- und Handelskammer (IHK) Niederrhein. Eine mit Verve und Überzeugung auftretende Frau. Beides hat sie brauchen können. Geplant war ein Projekt namens Multi Casa.

Auf einer Brache hinterm Bahnhof. 80000 Quadratmeter Verkaufsfläche.

Duisburg hatte damals 120000, hat heute 100000 Quadratmeter in der Innenstadt. Da kommt ein Investor mit 80000, da weiß ich doch, was passiert. Astrid Schultz lässt den Besucher spüren, dass es sie Schaudern gemacht hat.

In diesen sieben Jahren sah sie Investoren kommen und gehen, auch die ECE. Sie sagt: Die ECE ist nicht unser Gegner. Die Kommunen müssen sich entsprechend aufstellen. Wissen, was ihnen gut tut. Dass ein Einkaufszentrum der richtige Ansatz ist, die Innenstadt zu beleben, trifft ja zu. Aber es darf sie nicht übernehmen, die Innenstadt sei ein Kulturgut. Sie sagt: Die Städte müssen Leitlinien aufstellen und sich danach richten, raumbezogene Wirtschaftspolitik betreiben.

Der Markt allein kanns nicht richten. Denn wir wollen Duisburg sein und nicht ein Center. Wer eigene Wege gefunden habe, kann auch ECE einbinden.

Mitte vergangenen Jahres hat der Stadtrat gegen Multi Casa entschieden. Es gibt neue Pläne für die alte Innenstadt. Örtliche Akteure, die IHK Niederrhein und die Bundesarbeitsgemeinschaft für Mittel- und Großbetriebe (BAG) haben sich in einer Planungsgemeinschaft zusammengefunden. Und der schwer berühmte britische Architekt Sir Norman Foster, der schon andere Bauten in Duisburg entwarf, wird einen Masterplan aufstellen für das Innenhafen-Areal und es mit der nahen alten Innenstadt verbinden.

Was als Idee auf einer Brache hinterm Bahnhof begann, kommt nun ans Wasser, an Europas größten Binnenhafen, und nimmt doch auf das Alte Rücksicht. Duisburg hat sich emanzipiert und macht mit einem eigenen Plan Karriere.

Aktionsgemeinschaft Bahnhofsvorplatz
Trägerin des Bürgerbegehrens zum Bahnhofsvorplatz
Verein Pro Bahnhofsvorplatz Bonn e.V.

Bonn, 23.02.2007

Betr.: Ratsbeschluss vom 31.01.2007 zu den weiteren Planungen für den Bahnhofsvorplatz

Der Beschluss des Stadtrats vom 31.01.2007 zum weiteren Vorgehen im Bereich des Bahnhofsvorplatzes steht in unseren Augen im Widerspruch zu seinen früheren Entscheidungen, lässt die Ergebnisse der vom Rat selbst initiierten Bürgerwerkstatt außer Acht und lässt befürchten, dass erneut *kein* einvernehmliches Ergebnis mit der Bürgerschaft erreicht wird.

Wir halten es für unvertretbar, wenn unmittelbar „nach Vorlage, Beratung und Verabschiedung des Verkehrskonzeptes für das Areal am Bahnhof" bereits vor der Sommerpause „die Entscheidungen über die Vermarktung und Bebauung der ersten Baufelder am Bahnhof getroffen" werden sollen, wie es der Rat beschlossen hat. Mit dem Verkehrskonzept können lediglich die künftigen Verkehrsflächen definiert werden. Wie die übrigen Bereiche genutzt werden, wo und in welchem Verhältnis als öffentliche Flächen (z.B. als Platzfläche) und als Bauflächen, muss anschließend zwingend und mit Sorgfalt im Rahmen eines städtebaulichen Wettbewerbs ausgelotet werden. Die Gestaltung des Zugangs zur Bonner Innenstadt darf nicht dem freien Spiel von internationalen Finanzinvestoren und allein deren Profitmaximierung überlassen werden. Nur über einen städtebaulichen Wettbewerb auf der Grundlage des Verkehrskonzeptes kann eine hohe städtebauliche Qualität für die dringend notwendige Reparatur des verkommenen Stadtbildes an diesem Stadtzugang gewährleistet werden. Stadtplanung darf sich Interessen von Finanzinvestoren nicht von vornherein unterordnen. Und dem Rat der Stadt Bonn muss dieser Wettbewerb auch die dafür erforderlichen überschaubaren Mittel wert sein. Die Qualität einer künftigen Bebauung muss Vorrang vor einer schnellen Lösung haben.

Aus diesem Grund hatte die Bürgerwerkstatt auch als nächsten Schritt einen städtebaulichen Rahmenplan empfohlen, dem ein städtebaulicher Wettbewerb folgen sollte. Hierüber setzt sich der Ratsbeschluss dem Wortlaut nach hinweg.

Auch der weitere Beschluss des Stadtrats, die Vermarktung von Bauflächen vor dem Bahnhof nicht nur ohne städtebauliche Vorentscheidungen, sondern darüber hinaus sogar „unabhängig von der Zukunft der ‚Südüberbauung'" vornehmen zu wollen, missachtet die Wünsche der Bonner Bürger und die Ergebnisse der Bürgerwerkstatt. Nicht das Fehlen weiterer Einzelhandelsflächen im Bahnhofsbereich, die der Stadtrat jetzt offenbar vorrangig als Ziel verfolgt, stört die überwiegende Mehrheit der Bonner Bürger. Sie stört vielmehr der städtebauliche Missstand, den die Südüberbauung und das Bonner Loch als Folge schwerer Fehlentscheidungen von Rat und Verwaltung der Stadt Bonn darstellen. Daher *muss* eine Lösung für die Südüberbauung Bestandteil weiterer Entwicklungen im Bahnhofsbereich sein, ob als Abriss oder Teilrückbau.

Günter Bergerhoff - Gisela Loh - Heinz Schott - Bernhard Wimmer - Ilse Wolf
53127 Bonn

Bundesstadt Bonn
Die Oberbürgermeisterin
Amt 61

Stellungnahme der Verwaltung

| X | öffentlich | | nicht öffentlich |

Drucksachen-Nr.

0710998ST3

Externes Dokument

Betreff

Bürgerantrag: Erstellung eines Gesamtkonzepts vor jeder Weiterplanung bzw. jedem Grundstücksverkauf im Bereich des Bahnhofsvorplatzes Bonn

Verwaltungsinterne Abstimmung	Datum	Unterschrift
Federführung: Amt 61	17.04.2007	gez. Isselmann
Amt 03	17.04.2007	gez. Ogilvie
Amt 23	18.04.2007	gez. Krämer
Amt 33	19.04.2007	gez. Zwiebler
Amt 50	18.04.2007	gez. Liminski
Dez. VI (vertreten durch Dez. III)	19.04.2007	gez. Dr. Kregel
Genehmigung/Freigabe durch OB / Amt 02		am 24.04.2007

Beratungsfolge	Sitzung		
Bürgerinnen- und Bürgerausschuss	26.04.2007		

Inhalt der Stellungnahme

Die Ziele und Ergebnisse der Bürgerwerkstatt sind dokumentiert und öffentlich zugänglich. Diese liegen als Meinungsbild in unterschiedlichen Zustimmungswerten vor. Daraus lässt sich allgemein feststellen, in wie weit die Ziele jeweils erreicht oder berücksichtigt sind, sich in der Vorbereitung und Umsetzung befinden oder einer Nachbesserung bedürfen. Die Verwaltung teilt den jeweiligen Sachstand regelmäßig mit (DS-Nr. 0710062 und DS-Nr. 0710539). Das Verkehrskonzept liegt in seinen Grundzügen vor, ist im Ausschuss für Planung, Verkehr und Denkmalschutz am 01.03.2007 vorgestellt worden und ist unter www.bonn.de allgemein zugänglich. Die Ergebnisse zur Klärung der offenen Fragen zur „Südüberbauung" sollen den Gremien zeitnah vorgestellt werden.

Nach Einschätzung der Verwaltung sind, ebenso wie die Antragsteller schreiben, offene Fragen noch zu klären und weitere Entscheidungen durch die politischen Gremien notwendig. Dabei hat die Verabschiedung eines, auch wirtschaftlich und finanziell, tragfähigen Verkehrskonzepts am Hauptbahnhof, als dem zentralen Verkehrsknotenpunkt für den ÖPNV in der Stadt Bonn, als Grundgerüst für die weitere Planung und Gestaltung hohe Priorität.

Als weitere klärungsbedürftige Punkte sind zu nennen:

- Beschluss über den weiteren Umgang mit dem Thema „Südüberbauung", als zentraler räumlicher Baustein zur städtebaulichen Formulierung des Eingangsbereichs zur Innenstadt

- Beschluss über den weiteren Umgang mit sozialen Randgruppen im Bahnhofsbereich und die notwendigen Einrichtungen oder Maßnahmen als zentraler Baustein zum Thema Soziales

- Konzeption, Abstimmung und Beschluss über die, neben dem verkehrlichen Bedarf, zukünftig unterzubringender öffentlichen Funktionen oder Nutzungen (z.B. Toiletten, Informations- und Dienstleitungsangebote, etc.) als Baustein für die weitere Infrastruktur am Eingang zur Innenstadt für Bürger, Pendler, Gäste, Touristen und alle anderen sich dort aufhaltenden oder sich bewegenden Personen

- Darauf aufbauend ist eine Konzeption zu erarbeiten und die Abstimmung und Beschlüsse über die zu bebauenden Flächen, gegebenenfalls notwendige technische und betriebliche Vorkehrungen, sowie Lage und Umfang notwendiger öffentlicher Einrichtungen und der weiteren Nutzungen als Baustein der Stadtentwicklung und des Städtebaus herbeizuführen

- sowie eine Klärung über gestalterische Vorgaben zum öffentlichen Raum und dessen Pflege sowie der architektonischen Ausprägung der Baukörper als ästhetischer Baustein mit einer gehobenen Bedeutung für den Eingang zur Innenstadt herbeizuführen.

Im Ergebnis ist festzuhalten, dass die Veräußerung von Grundstücken im Bahnhofsbereich nur auf der Grundlage eines zuvor von Rat beschlossener insofern konkretisierten Konzeptes vorgesehen ist.

Die Verwaltung empfiehlt dem Bürgerinnen- und Bürgerausschuss, die Antragsteller im Sinne der vorstehenden Stellungnahme der Verwaltung zu informieren. Die oben genannten noch zu treffenden politischen Entscheidungen machen eine Beratung des Bürgerantrages in weiteren Gremien entbehrlich.

Stellungnahme der Verwaltung zum Bürgerantrag (April 2007) – Seite 2

84

28.4.07

An die
Oberbürgermeisterin der Stadt Bonn
Frau Bärbel Dieckmann
Altes Rathaus
53111 Bonn

über Email an: monika.rosen@bonn.de

Betr. Bahnhofsvorplatz Bonn

Sehr geehrte Frau Oberbürgermeisterin,

Herr Isselmann hatte doch noch am 11. 4. 07 im Auftrag von Herrn Dr.-Kregel unsern Brief an Sie vom 23.2.07 beantwortet und darin zum Ausdruck gebracht. dass Entscheidungen auf Grund des Ratsbeschlusses vom 31.1.07 (DS 0611268AA21) „nicht zeitlich unmittelbar absehbar sind".

Aus Termingründen hatten wir aber bereits unsern Bürgerantrag zu diesem Thema auf den Weg gebracht Die Stellungnahme der Verwaltung dazu, der sich der Bürgerausschuss in seiner Sitzung am 26.4.07 angeschlossen hat, bringt nun deutlich – auch in unserm Sinn - zum Ausdruck, dass (DS 0710998ST3)

„als weitere klärungsbedürftige Punkte zu nennen sind:

- Beschluss über den weiteren Umgang mit dem Thema „Südüberbauung", als zentraler räumlicher Baustein zur städtebaulichen Formulierung des Eingangsbereichs zur Innenstadt
- Konzeption, Abstimmung und Beschluss über die, neben dem verkehrlichen Bedarf, zukünftig unterzubringenden öffentlichen Funktionen oder Nutzungen (z.B. Toiletten, Informations- und Dienstleistungsangebote , etc.) als Baustein für die weitere Infrastruktur am Eingang zur Innenstadt für Bürger, Pendler, Gäste, Touristen und alle anderen sich dort aufhaltenden oder sich bewegenden Personen.
- Darauf aufbauend ist eine Konzeption zu erarbeiten und die Abstimmung und Beschlüsse über die zu bebauenden Flächen, gegebenenfalls notwendige technische und betriebliche Vorkehrungen, sowie Lage und Umfang notwendiger öffentlicher Einrichtungen und der weiteren Nutzungen als Baustein der Stadtentwicklung und des Städtebaus herbeizuführen
- sowie eine Klärung über gestalterische Vorgaben zum öffentlichen Raum und dessen Pflege sowie der architektonischen Ausprägung der Baukörper als ästhetischer Baustein mit einer gehobenen Bedeutung für den Eingang zur Innenstadt herbeizuführen.

Im Ergebnis ist festzuhalten, dass die Veräußerung von Grundstücken im Bahnhofsbereich nur auf der Grundlage eines zuvor vom Rat beschlossenen insofern konkretisierten Konzeptes vorgesehen ist."

Den Weg zu einer Lösung des Problems ‚Bahnhofsbereich' bietet die von der Stadt veranlasste Befragung der Eigentümer der Südüberbauung (DS 0711210), nach der ein schlüssiges Gesamtkonzept die Eigentümer zu einem Tausch bewegen kann.

Die Frage der Verantwortbarkeit des Einsatzes städtischer Mittel ist vor dem Hintergrund zu sehen, dass die vom Rat in den 70er Jahren begangene städtebauliche Sünde nicht ohne Schaden für das Ansehen der Stadt fortdauern kann. Bei einer Neugestaltung des Bahnhofsbereiches mit „einer architektonischen Ausprägung der Baukörper als ästhetischer Baustein mit einer gehobenen Bedeutung für den Eingang zur Innenstadt" würde das Stehenlassen der Südüberbauung die städtebauliche Sünde von 1977 noch stärker sichtbar machen.Die Planung anderer Großbauprojekte wie ein Kongresszentrum und ein Festspielhaus können dies nicht kompensieren.

Aktionsgemeinschaft Bahnhofsvorp!atz und Verein Pro Bahnhofsvorplatz Bonn e.V. hoffen sehr, dass auch Sie als Oberbürgermeisterin sich für eine schlüssige Gesamtkonzeption des Bahnhofsbereichs im Sinne der erfolgreichen Bürgerwerkstatt einsetzen und diese Gesichtspunkte nicht im Parteiengerangel untergehen.

Mit freundlichem Gruss

G. Bergerhoff

53127 Bonn

Rheinlandtaler für Herrn Prof. Dr. Bergerhoff

Am 24.6.2008 erhielt in Bonn die Aktionsgemeinschaft Bahnhofsvorplatz Bonn in der Person von Herrn Bergerhoff den Rheinlandtaler des Landschaftsverbandes für ihren Einsatz für eine angemessene, verträgliche Gestaltung des Bahnhofsvorplatzes als Visitenkarte der Stadt, bei dem sie große Teile der Bürgerschaft mobilisieren konnte. Sie finden anschliessend die Ansprache der Vertreterin des Landschaftsverbandes und die Dankesworte von Herrn Bergerhoff. In dieser Ansprache empfiehlt Herr Bergerhoff, dass nach Abschluss des laufenden städtebaulichen Wettbewerbs die endgültige Entscheidung über die Verwirklichung eines der Entwürfe für die Gestaltung des Bahnhofsbereiches durch einen Ratsbürgerentscheid getroffen wird.

Notiz auf der Homepage des Vereins Pro Bahnhofsvorplatz Bonn e.V.
http://www.pro-bahnhofsvorplatz-bonn.de/aktuelles.cfm [27.05.2019]

Günter Bergerhoff

Dankesrede
zur Verleihung des Rheinlandtalers am 24. Juni 2008

Die Verleihung des Rheinlandtalers nehme ich gerne an, aber ich tue dies vor allem im Namen der vielen engagierten Teilnehmer der Bürgerwerkstatt zum Bahnhofsvorplatz, im Namen der über 20.000 Unterzeichner des Bürgerbegehrens zur Gestaltung des Bahnhofsvorplatzes und natürlich der vielen aktiven Unterschriftensammler, von denen nur einige hier sein können und ich nur - stellvertretend für die vielen anderen - Frau Dr.Sonntag nennen möchte. Ich glaube, man kann sagen, dass das Engagement der Bürgerinnen und Bürger hier seine große Bedeutung gezeigt hat.

Wir sind froh, dass der Landschaftsverband mit der Verleihung dieses Rheinlandtalers das Bestreben würdigt, im Umfeld des denkmalgeschützten Bahnhofs einen Übergang zu der noch im wesentlichen intakten Bonner Innenstadt zu gestalten. Zu römischer Zeit trug man häufig Amulette zum persönlichen Schutz mit dem Gesicht der Medusa wie auf diesem Taler. Möge deshalb der Taler helfen, unsere Stadt in ihrem positiven Erscheinungsbild zu schützen. In der Vorstellung der Griechen ging die Wirkung des Medusenhauptes sogar so weit, dass jeder Angreifer beim Anblick zu Stein erstarrte. So weit wollen wir es aber nicht kommen lassen.

Mein persönlicher Ansporn zur Teilnahme an den genannten Aktivitäten entspringt nicht nur dem Umstand, dass ich in Bonn geboren bin - ich habe die Stadt allerdings erst mit meiner Tätigkeit an der Universität Bonn näher kennengelernt - sondern vielmehr grundsätzlichen Überlegungen. Ich gebe zu, der Bahnhofsvorplatz hat mit meinem Fach, der Chemie, nichts zu tun. Aber umso mehr mit der auch in der Chemie gestellten Aufgabe, Lösungen für schwierige Fragen zu finden. Unser Bonner Problem ist noch schwieriger zu lösen, Experimente sollte man hier nicht machen, es gibt hier andere, geeignetere Möglichkeiten für eine Lösung.

Wahrscheinlich hat manch einer von Ihnen schon einmal in Zürich am Ufer des Zürichsees gestanden. Er stand auf dem Bürkli-Platz und sah in der Ferne die Kulisse der Dreitausender in den Glarner Alpen; so ungefähr wie man in Bonn auf dem Alten Zoll in der Ferne noch das Siebengebirge sieht. Diese Berge wachsen nicht und sind doch stabil, sie stehen für den Wert der Beständigkeit, ein Wert, der im Auf und Ab und Hin und Her wirtschaftlicher Interessen und Notwendigkeiten untergehen kann, der uns aber einen wichtigen Handlungsrahmen gibt, für den heute gerne das Wort „nachhaltig" gebraucht wird. Der Platz am Zürichsee, von dem aus Sie diese Sicht haben, hat seinen Namen von Karl Bürkli (1823-1901), einem Vorkämpfer der direkten Demokratie in der Schweiz um die Mitte des 19.Jahrhunderts.

Diese zwei Punkte - Beständigkeit und Demokratie - führen uns zu dem heutigen Anlass zurück.

Was ist beständig?

Prof. Lützeler (1902-1988) war ein weitherum geschätzter Kunsthistoriker unserer Universität —- manche der Anwesenden werden sich sicher noch an ihn erinnern. Er hat 1977 einen heute noch lesenswerten Aufsatz im Bonner General-Anzeiger geschrieben. Ich habe davon einige Exemplare mitgebracht für diejenigen, die ihn noch einmal im Einzelnen lesen möchten. Darin sind konkrete Gesichtspunkte genannt, die für eine erfreuliche Gestaltung eines Raumes erfüllt sein müssen. In Bonn heisst das: *„das eine - der Bahnhof - ist für das andere - die Innenstadt - da; ein Zusammenhang muss hergestellt werden mit menschlichen Massen und gefälligen Proportionen"*. Die Aktionsgemeinschaft Bahnhofsvorplatz Bonn fordert demzufolge einen angemessenen Platz vor dem Bahnhof mit der Sichtachse Poststrasse-Bahnhof, eine hochwertige, gegliederte und massstäbliche, den Übergang zur historischen Stadt bildende Bebauung mit vielfältiger Nutzung.

Prof. Lützeler hat aber auch ganz allgemein daran erinnert, dass man ein schlechtes Buch, ein hässliches Bild, eine misslungene Oper einfach in eine Kiste legen kann; eine Architektensünde steht uns aber täglich vor Augen und sie beschämt den Erbauer solange, bis ein mutiger Mann oder eine entschlussfreudige Frau den Abriss möglich macht.

Nun, der Rat hatte damals den Bau der Südüberbauung beschlossen. Ein namhafter Architekt hatte die Pläne für den Bahnhofsbereich entworfen und den Rat überzeugt - aber nicht die Bürger. Das spiegelt sich im General-Anzeiger der Jahre 1976 ff. in zahlreichen Leserbriefen wider und der Heimat- und Geschichtsverein schreibt: *„Städtebaulicher Sündenfall"*, der Landeskonservator: *„Stadtbaugroteske, Bonns Urbanität geht verloren"*, Prof.Lützleler: „Bonn droht sich selbst zu zerstören", ein anderer (Rüdiger van Dorp): *„Der Platz ist im Kern faul"*, und zum Ablauf der Diskussion fiel sogar das Wort eines Ratsmitglieds (FDP-Sprecher Hönig): . *„Schlimmer Zynismus der Macht"*. Der Rat der Stadt musste die Meinung der Bürger nicht respektieren. Erst die Änderung der Gemeindeordnung brachte 1994 die Möglichkeit des Bürgerbegehrens und des Bürgerentscheides. Über 20.000 Unterschriften sammelten wir gegen eine neue Baugroteske. 2004 trat der Rat unserem Begehren bei.

In einer Bürgerwerkstatt vom 23.10.05 bis Januar 2006 sind Ideen gesammelt worden, die ein recht klares Bild der Vorstellungen der Bürger ergeben haben. Dazu gehörte auch der Wunsch nach Abriss der Südüberbauung. Herr Trommer hatte zwar 1996 gesagt (GA): „Eine Stadt muss auch Geduld haben mit unbeliebten Bauwerken", aber wenn man nur die über 120 diesbezüglichen Leserbriefe im GA der letzten vier Jahre durchblättert (2004: 87; 2005: 8; 2006: 33; 2007: 32) und die ungedruckten noch dazu nimmt, ist die Meinung der Bonner Bürger sehr deutlich: „Das Ding muss weg!"

Natürlich kann man den Standpunkt haben: neue Ideen erfordern Mut und wir fangen mal vorsichtig an: die Cassius-Bastei, das Stadthaus, ein Kaufhaus neben der alten Post, ein Business District, usw. - Bonn wird sich schon verändern! Aber wir Bürger leben in Bonn und möchten uns nicht mehr länger vor vollendete Tatsachen stellen lassen. Hier stehen anscheinend zwei Vorstellungen gegeneinander: das „gewachsene" Bonn und das „neue" Bonn. Wie findet man eine Lösung? Damit komme ich auf Karl Bürkli zurück, den Namensgeber für den Platz am Zürichsee. Er hat einmal gesagt: *„Es ist leichter zu beurteilen, ob ein Gesetz im Interesse des Volkes gemacht ist, als ob ein Ratsherr immer im Interesse des Volkes reden und stimmen wird, denn Herz und Nieren einer Person sind unendlich schwieriger zu prüfen als der Kern einer Sache."*

Heute gibt es in unserm Rat gelbe, grüne, rote, schwarze und noch ein paar andere Herzen. Aber es gibt in unserm Fall keine richtige oder falsche Lösung. Es gibt nur die Lösung, mit der wir Bonner leben wollen. Gebhard Kirchgässner und viele andere Autoren haben mit handfesten und stichhaltigen Untersuchungen für die USA und die Schweiz gezeigt, dass man eine überzeugende und weiterführende Lösung finden kann, wenn man die Betroffenen, also die Bürger und Bürgerinnen fragt. Die neue Gemeindeordnung von 2007 hat den sog. Ratsbürgerentscheid eingeführt. Er erlaubt dem Rat, eine Entscheidung auf einen Bürgerentscheid zu verlagern. Die Städte Neuss (keine Verlegung Strassenbahn, Entscheidung 15.6.07), Weeze bei Kleve (Rathausumbau, Entscheidung 24.4.08), und Hamm (kein Lippesee, Entscheidung 18.6.06) haben damit bereits gute Erfahrungen gemacht, d.h. es sind nur Massnahmen erfolgt, zu denen die Bürger und Bürgerinnen offiziell ihre Zustimmung gegeben haben.

Für unsere Situation hier in Bonn ist insbesondere das Vorgehen in der alten Hansestadt Medebach am Rothaargebirge beispielhaft (Hochsauerland - 9000 Einwohner - Auswahl eines Architektenentwurfs für Rathausneubau, Entscheidung 29.2.08). Es wurde ein Architektenwettbewerb für den Bau eines neuen Rathauses (Baukosten 2,4-3,6 Millionen) ausgelobt. Der Siegerentwurf fand bei der Bevölkerung keinen Beifall. Daraufhin wurden in einem Ratsbürgerentscheid vier Entwürfe zur Abstimmung gestellt. Bei einer Beteiligung von 28% der Bevölkerung fiel die Entscheidung mit 36% - aber nicht für den Siegerentwurf.

In Bonn läuft jetzt für den Bahnhofsbereich auch ein städtebaulicher Wettbewerb. Dabei werden mit dem Schicksal der Südüberbauung die Weichen für ein „gewachsenes" oder ein „neues" Bonn gestellt. Die zwei Jahre, die man seit der Bürgerwerkstatt hat verstreichen lassen, hatten immerhin etwas Gutes. Die Südüberbauung hat heute nicht mehr über 40 Eigentümer, sondern in Kürze nur noch einen Haupteigentümer und die Stadt. Damit ist eine Lösung für das Problem „Südüberbauung" realistisch und — wie man heute so gerne sagt - „zeitnah" möglich, denn der Haupteigentümer will die Wünsche der Bürger und Bürgerinnen respektieren. Ein deutsches Sprichwort beschreibt genau die Situation, in der wir uns befinden. *„Wer etwas will, findet immer einen Weg; wer nichts will, findet immer eine Ausrede."*

Im November dieses Jahres wird das Ergebnis des städtebaulichen Wettbewerbs vorliegen. Wir können uns nicht vorstellen, dass das Preisgericht einen Entwurf mit Südüberbauung auszeichnet oder eines der 45 teilnehmenden Büros überhaupt die Südüberbauung so schön findet, dass sie stehen bleiben muss. Wir erwarten, dass die Stadt in einem solch unerwarteten Fall nur einen Entwurf verwirklicht, der die Zustimmung der Bürger findet - und diese Verwirklichung zügig stattfindet, denn eine Finanzierung ist möglich.

Um die Kontinuität unserer Anstrengungen für eine neue Gestaltung des Bahnhofsvorplatzes zu sichern, haben wir 2006 den eingetragenen Verein „Pro Bahnhofsvorplatz Bonn" gegründet. Wir sind noch nicht am Ziel. Wenn Sie mit uns einer Meinung sind, ich habe einige Beitrittserklärungen mitgebracht, mit 20 € sind Sie dabei.

Es wäre erfreulich, wenn die Vergabe des Rheinlandtalers an unsere Initiative einen wirksamen Impuls setzen würde.

Schöner Bahnhof

Bonner Loch und Bonner Bahn-hof

Als Neubürger möchte ich zum Thema Bonner Loch und den Problemen, die sich sonst noch um dieses Thema herum drehen, folgendes sagen: Ich habe viele Bahnhofsvorplätze gesehen, die alle repräsentativ ausgeführt sind und in einer gewissen Weise die entsprechende Stadt repräsentieren. Der Bahnhofsvorplatz ist die Ouvertüre einer Stadt.

Im Falle von Bonn ist das alles anders, und man muss sich fragen, wer hat auf dem Bahnhofsvorplatz ein solch unglückliches Gebäude hingesetzt, was zudem architektonisch dort nicht hingehört. Ich möchte der schönen Stadt Bonn den dringenden Rat geben, dieses Gebäude bis auf die Kellergeschosse abzureißen und unter der Freifläche, die dann dort entsteht, eine große Passage mit Geschäften entstehen zu lassen.

Dieser Bahnhof darf nicht länger hinter einem solchen Kasten versteckt werden. Auf der Rheinschiene Duisburg, Düsseldorf, Köln, Bonn hat Bonn den schönsten Bahnhof. Bitte, sehr geehrte Frau Dieckmann, geben Sie der Stadt Bonn ihren Bahnhof wieder zurück. Das Problem Bonner Loch ist damit erledigt.

Egbert Pauels, Sankt Augustin

General-Anzeiger, 8.05.2008

Rund um den Bonner Hauptbahnhof *ist ab heute der Alkoholkonsum in der Öffentlichkeit nicht mehr erlaubt. Das Verbot gilt auch für Touristen.*

FOTO: BARBARA FROMMANN

General-Anzeiger, 1.07.2008 (Foto: Barbara Frommann)

Problem Südüberbauung und zweites Bürgerbegehren
(2009-2014)

Alle vier Entwürfe haben Macken

„Bürgerwerkstatt" lobt und kritisiert Details der vier Konzepte zum Bahnhofsvorplatz

Von Rolf Kleinfeld

28. 1. 09

BONN. Welcher der vier Entwürfe zur Bebauung des Bahnhofsvorplatzes ist der Beste? Bei der „Bürgerwerkstatt" im Uni-Club punkteten die Arbeiten gestern Abend zwar alle im Detail, offenbarten aber durchweg auch Schwächen bei Verkehrsplanung oder der Gestaltung des Busbahnhofs.

Als Stadtbaurat Werner Wingenfeld vor 100 Bürgern das „vorbildliche Verfahren" zur Bürgerbeteiligung gelobt hatte, ging's ans Eingemachte. Beim Entwurf des einzigen Bonner Büros von Michael Amort (archivolver) lobten Betrachter den asymmetrischen Platz vor dem Bahnhof, befürchten aber ein „Verkehrschaos". Beim APB-Büro aus Hamburg sahen sie den Platz fast schon als zu groß an, aber den Busbahnhof als zu klein. Stefan Schmitz aus Köln hatte eine tolle Allee vor dem Bahnhof erdacht, mit konisch geschnittenem Platz, jedoch gefielen einigen Besuchern die „Bauklotz"-Gebäude nicht. Und das JSWD-Büro, ebenfalls aus Köln, wurde für einen breiten Boulevard in Verlängerung der Poststraße gelobt, aber für das geplante Hochhaus am Kaiserplatz und einen zu kleinen Busbahnhof getadelt.

Kein Wunder, dass Wingenfeld am Ende sagte: „Es ist schwer, eine Lösung zu finden, die umsetzbar ist." Man solle nicht nur vom

Vor den Plänen und den Modellen: Rund 100 interessierte Bürger ließen sich gestern Abend alle Details erklären und sagten ihre Meinung: Bisher konnte sich aber noch kein Entwurf absetzen. FOTO: FROMMANN

großen Wurf träumen, sondern in kleinen Schritten denken. Das tut ab heute die Jury, wenn sie mit den Architekten die Überarbeitung der Entwürfe bespricht. Am 25. März soll man dann mehr wissen, wer der alleinige Sieger ist. Derweil warnte Günter Bergerhoff vom Vereins „Pro Bahnhofsvorplatz", vor der Gefahr eines neuen „Klotzes" an Stelle der Südüberbauung und regte erneut an, die Zustimmung zum Siegerentwurf durch die Bürger einzuholen – per „Ratsbürgerentscheid".

Alles hängt an der Südüberbauung

Architekt Stefan Schmitz stellt beim BDA seinen Siegerentwurf für die Neugestaltung der Bahnhofsbereichs vor

Von Bettina Köhl

BONN. Die Resonanz beim Publikum war groß, wie immer wenn es um den Bonner Bahnhofsbereich geht. Zur Veranstaltung des Bunds Deutscher Architekten (BDA) Bonn-Rhein-Sieg waren nicht nur Fachleute, sondern auch viele Bürger in den Uniclub gekommen. Architekt Stefan Schmitz aus Köln stellte dort seinen preisgekrönten Entwurf für die Neugestaltung des Bereichs zwischen Thomas-Mann-Straße und Kaiserplatz vor.

Sein wichtigstes Anliegen ist, die Stadtkante am Bahnhof wieder

Architekt Stefan Schmitz erläutert seine Pläne.　FOTO: LANNERT

herzustellen. Das steht und fällt seiner Ansicht nach mit der Südüberbauung. „Mit diesem städtebaulich fehlgeplanten Gebäude ist vor dem Bahnhof kein Entwurf zu machen", sagte Schmitz. Der Abriss der Südüberbauung müsse am Anfang stehen. Dem derzeitigen Investor German Development Group wünscht Schmitz zwar Glück für seine Pläne, sieht diese aber auch kritisch. „Wir fanden es natürlich nicht so gut, dass mitten in einem Wettbewerb eine Bauvoranfrage genehmigt wurde", sagte er. Das Vorhaben des Investors ergäbe nämlich einen ganz anderen Platz vor dem Bahnhof als im Siegerentwurf von Schmitz vorgesehen.

Auch dass die Planer zu Beginn des Wettbewerbs keine genauen Vorgaben zum Verkehr hatten, sei „ungewöhnlich". So ist weiter die Größe des Busbahnhofs ungeklärt. „Erstmal ist die Stadt Bonn in der Pflicht, ein Verkehrskonzept zu entwickeln", meint der Architekt.

So abstrakt seine gezeichneten Gebäudeflächen auf den ersten Blick wirken, so viele Details stecken doch auf den zweiten Blick in den Plänen. Lichthöfe in den Neubauten rechts und links des Bahnhofsvorplatzes sollen zum Beispiel dafür sorgen, dass auch der U-Bahnhof Tageslicht bekommt. Die Läden in der Passage

Die Südüberbauung versperrt den Blick aufs Bahnhofsportal. Der Siegerentwurf sieht hier einen breiteren Platz vor.　FOTO: FROMMANN

öffnen sich nach innen und außen, damit keine toten Rückseiten entstehen. Die Architekten fanden außerdem heraus, dass sich angeblich nicht bebaubare Teile des Bonner Lochs sehr wohl überbauen lassen, wenn man Stützen auf die Tunnelwände der U-Bahn stellt. Als „Magnet" im größten Gebäude ist ein Elektronikmarkt

vorgesehen – wie übrigens auch für einen Neubau anstelle der Sparkasse Friedensplatz und für das Einkaufszentrum „Beethoven-Galerie", für das das Stadtwerke Haus weichen müsste.

Der Platz vor dem Bahnhof war eine besondere Herausforderung. Denn schaut man den Straßenverlauf genau an, stimmt hier die

Symmetrie nicht. Und das nicht nur wegen der klotzigen Südüberbauung. Die Poststraße zielt, zöge man sie mit geraden Strichen weiter, genau neben den Bahnhofseingang. Schmitz stellt die Symmetrie wieder her, indem er den Platz vor dem Bahnhof weitet und einen Medienturm für Informationen über Stadt und Veranstaltungen als Blickfang platziert. Durch die konische Form des Platzes erscheint je nach Blickrichtung der Bahnhof näher oder die Stadtkante weiter entfernt.

Beim Wettbewerb ging es nicht um Architektur, sondern um Städtebau, um die Verteilung von Gebäuden, die Nutzung der Plätze und die Verknüpfung mit dem Bahnhof. „Es ist ein Entwurfsstand, der sicher nicht eins zu eins gebaut wird", erklärte Schmitz.

Die Gäste hatten diverse Fragen und Anregungen, so zur Breite der Treppen Richtung U-Bahn und zur barrierefreien Erreichbarkeit des Bahnhofs. Nicht alle fanden den Solitärbau gut, den Schmitz zwischen Rabinstraße und Bahngleisen plant.

Zum weiteren Vorgehen sagte der Architekt, die Stadt dürfe die Regie – gerade bei der Verhandlung mit Investoren – nicht aus der Hand geben, und bot an, als „Hüter des Gedankens" mit am Tisch zu sitzen.

Masterplan Bonn - Innere Stadt

Objektiv und subjektiv
POSITIV
wirkende Tendenzen und Gegebenheiten

- Mobilitätskosten (Zeit + Geld)
- Höhere Hürden für zusätzlichen Flächenverbrauch
- Steigende Wertschätzung urbanen Lebens (Kultur, Feste,...)
- Hervorragende Infrastruktur (Medizinische Versorgung, soziale Infrastruktur,...)
- ...

Objektiv und subjektiv
NEGATIV
wirkende Tendenzen und Gegebenheiten

- Umweltbelastungen (Lärm, Luftverschmutzung,...)
- Miet- / Eigentumskosten
- Konflikte durch Nutzungsüberlagerungen
- Räumliche Enge
- Fehlender Außenbezug (Balkone, Grünflächen)
- ...

ANLÄSSE

Ökologische Gründe
- Flächenverbrauch
- Verkehrsfolgen
- ...

Ökonomische Gründe
- Auslastung Infrastruktur
- Einsparung sonstiger Kosten durch Agglomeration
- Zielgerechter Einsatz beschränkter Mittel
- ...

Gesellschaftliche Gründe
- Demografische Entwicklung
- Integration / Migration
- ...

Räumliche-strategische Gründe
- Positionierung in der interkommunalen und internationalen Konkurrenz
- Einordnung von Projekten in Themenbereiche, dadurch Schnellere Handlungsfähigk.
- Erhöhung der Identifikation für die Gesamtstadt
- ...

Masterplan Bonn: Themenschwerpunkte
(aus der vorstehenden Grafik)

Themenschwerpunkte

1. Wohnen

Projekte   Brassertufer, Ermekeilkaserne, Kesselgasse, Kurfürstencarrée, Revision Nordstadt

Strategien   „Zurück in die Stadt" (Aktivierung Baulücken, untergenutzte Grundstücke, Wohnungsleerstand, ggf. Ausschreibung der städtischen Grundstücke), Umgang mit dem Bestand (Stichwort Energieeffizienz)

2. Einzelhandel

Projekte   Hauptbahnhof, Sparkassengebäude, Stadtwerke, Viktoriaareal (Untersuchung der Wechselwirkungen!)

Strategien   Einzelhandels- und Zentrenkonzept (vorhanden!)

3. Arbeiten und Dienstleistung

Projekte   Neues Stadthaus, Sparkasse am Friedensplatz, Hauptbahnhof

Strategien   Vorschläge zur Verknüpfung der „Dienstleistungsschwerpunkte" (Basel mit T-Mobile, Zementwerk, Bundesviertel, Standorte von Ministerien, Universitätsstandorte mit der „Inneren Stadt")

4. Verkehr

Projekte   Umbau Haltestelle Stadthaus, ZOB, Cityring, Kennedybrücke, Überprüfung "Langzeit"projekte (Hardtbergbahn, Reutertunnel)

Strategien   Verkehrsentwicklungsplan, Busnetz

5. Freizeit, Kultur und Tourismus

Projekte   Haus der Bildung, „Museumslandschaft" Innenstadt, Kirchen in der Innenstadt, Metropol (?), Verankerung Beethovenhaus, Rundgänge zu Fuß durch die Innenstadt, Bäderkonzept (vorhanden), Erweiterung Macke-Haus, Bonner Kunstverein

Strategien   Verzahnung zu anderen Institutionen

6. Stadtgestalt / Maßstäblichkeit + Prozesse

Projekte   z.B. Höhenleitplan Bonn

Strategien   Wettbewerbe, Werkstätten, Informationsveranstaltungen, ...

7. Grün- und Freiflächen

Projekte   Stadt zum Rhein, Verknüpfung mit anderen Grün- und Freiflächen in der Inneren Stadt und darüber hinaus

Strategien   Leitplan Grün?

8. Öffentlicher Raum

Projekte   Remigiusplatz, Bischofsplatz, Mülheimer Platz, Stiftsplatz

Strategien   Entwicklung eines Handbuchs für den öffentlichen Raum / Definition von Leitlinien für Materialien, Möblierung, Werbeanlagen

9. Innenstadtrand / Eingänge / Verknüpfungen

Projekte   Stadteingänge (?)

Strategien   z.B. Entwicklung eines Leitmotivs für unterschiedliche räumliche Situationen

10. ...

Masterplan Innere Stadt Bonn -

Rundbrief des Stadtbaurats Werner Wingenfeld vom 20.09.2010

Herrn Prof.
Günter Bergerhoff
Verein Pro Bahnhofsvorplatz e.V.

53127 Bonn

Masterplan Innere Stadt Bonn

Sehr geehrte Damen und Herren,

mit Beschluss des Rates vom 07.05.2009 wurde die Verwaltung beauftragt, einen
Prozess in Gang zu setzen, der einen „Masterplan Innere Stadt" zum Ergebnis hat.
Der Masterplan Innere Stadt soll konkrete Planungsvorschläge, aber auch Strategien
und verbindliche Handlungsprioritäten für die Stadtentwicklung der nächsten 10-15
Jahre geben. Dabei sollen Antworten auf die aktuellen, drängenden Fragen gefunden
werden: Wie gehen wir mit den Auswirkungen des Demografischen Wandels um, wie
lässt sich der Trend „Zurück in die Stadt" für Bonn positiv lenken, welchen Anforderungen muss der Öffentliche Raum zukünftig Rechnung tragen?

In einem Zeitraum von rund einem Jahr sollen diese und noch weitere Fragestellun-
gen intensiv mit der Bürgerschaft und den maßgebenden Institutionen aus Wirtschaft,
Verkehr, Kultur und Soziales diskutiert werden. Am Ende dieses Prozesses wird ein
handlungsorientiertes, durch Zeit- und Kostenpläne unterfüttertes Planwerk stehen,
durch das Zusammenhänge, Prioritäten und Abhängigkeiten städtebaulicher Entwicklungen für alle Akteure transparent gemacht, Entscheidungszeiträume für konkrete
Projekte verkürzt und Impulse für Investitionen Privater gegeben werden können.

Zur Erarbeitung des Masterplans Innere Stadt wurden zwei Büros beauftragt. Das Büro Scheuvens + Wachten, Dortmund wird die inhaltliche Bearbeitung, das Büro Netzwerk, Schwerte die Moderation des Verfahrens übernehmen. Der Prozess wird sich in
3 Phasen gliedern. In der ersten Phase, die bis Ende 2010 abgeschlossen werden
soll, geht es um die Sammlung von laufenden oder auch schon abgeschlossenen Projekten und deren Einordnung in den Gesamtzusammenhang. Dabei ist Ihr Beitrag gewünscht. Nennen Sie Prioritäten, geben Sie Bewertungen ab und setzen Sie Akzente!
In den nächsten Tagen werden Mitarbeiter der Büros mit Ihnen Kontakt aufnehmen
und Sie um eine Terminvereinbarung für ein Gespräch bitten. Ich würde mich freuen,
wenn Sie uns bei der Erarbeitung des Masterplans Innere Stadt unterstützen und sich
in den Prozess einbringen.

Für Rückfragen stehen ich oder meine Mitarbeiterin vom Stadtplanungsamt, Frau
Rohde, Tel.　　　　Ihnen gerne zur Verfügung.

Mit freundlichen Grüßen
In Vertretung

Werner Wingenfeld
Stadtbaurat

Einladung zum 1. Werkstattgespräch

vom 8.10.2010

Bundesstadt Bonn · Amt 61 · 53103 Bonn

Herr Prof.
Günter Bergerhoff
Verein Pro Bahnhofsvorplatz e.V.

53127 Bonn

Masterplan Innere Stadt - 1. Werkstattgespräch

Sehr geehrte Damen und Herren,

die Stadt Bonn hat sich zum Ziel gesetzt, einen Prozess in Gang zu setzen, der einen „Masterplan Innere Stadt" zum Ergebnis hat. Der Masterplan Innere Stadt soll konkrete Planungsvorschläge, aber auch Strategien und verbindliche Handlungsprioritäten für die Stadtentwicklung der nächsten 10-15 Jahre geben. Dies geschieht mit Unterstützung des Büros Scheuvens + Wachten, Dortmund, das die inhaltliche Bearbeitung übernimmt sowie des Büros Netzwerk, Schwerte, das das Verfahren moderiert. Der Prozess befindet sich dabei noch ganz am Anfang, in der sogenannten „Erkundungs- und Entdeckungsphase". Hier geht es um die Sammlung von laufenden oder schon abgeschlossenen Projekten und deren Einordnung in den Gesamtzusammenhang. In einem ersten Werkstattgespräch soll der Kreis der Beteiligten erweitert werden, das Verfahren vorgestellt und die bisher gewonnenen Erkenntnisse durch das Büro Scheuvens + Wachten präsentiert und diskutiert werden. Ich lade Sie herzlich ein, am

Montag, 25.10.2010 von 13:00 – 16:00h im Ratssaal der Stadt Bonn, Berliner Platz 2

hierüber ins Gespräch zu kommen. Bitte geben Sie eine kurze Rückmeldung, ob Sie an dem Termin teilnehmen können. Für Rückfragen steht Ihnen Frau Rohde, Tel. oder ich gerne zur Verfügung.

Mit freundlichen Grüßen
In Vertretung

Werner Wingenfeld
Stadtbaurat

Das Bürgerbegehren von 2012
Einige Dokumente

Erklärung auf der Rückseite der Unterschriftenliste

Kein neuer Klotz am Bahnhof - Gesamtlösung statt Flickwerk!

Bürgerbegehren gegen den Beschluss des Stadtrats vom 01.03.2012 gestartet.
Der Verein Pro Bahnhofsvorplatz Bonn e.V. hat ein Bürgerbegehren initiiert und
sammelt ab sofort zusammen mit Gleichgesinnten Unterschriften.

Wir wollen erreichen, dass eine Gesamtlösung für den Bahnhofsvorplatz zügig in
Angriff genommen wird. Es muss eine Gesamtlösung sein, die das Areal von der
Thomas-Mann-Straße bis zum Kaiserplatz umfasst.

Ein neuer „Klotz" wie die bestehende Südüberbauung muss vermieden werden. Wir
fordern eine Neugestaltung, die den Vorstellungen der Bürgerwerkstatt von
2005/2006 entspricht. Diese Neugestaltung können wir nur erreichen, wenn der Bau
des geplanten „Maximiliancenter" verhindert wird.

Der Ratsbeschluss vom 01.03.2012 über den Verkauf der städtischen Anteile an der
Südüberbauung darf deshalb nicht umgesetzt werden.

**Bitte unterstützen Sie das Bürgerbegehren und unterschreiben Sie auf der
Unterschriftenliste.**
Bitte senden Sie die Liste bis spätestens zum 20.06.2012 an einen der Initiatoren
zurück.
Wir freuen uns, wenn Sie weitere Unterschriften sammeln, denn insgesamt benötigen
wir über 10.000 Unterschriften. Auch einzelne unterschriebene Listen helfen uns
weiter. - Vielen Dank!

Hinweis: Eine Online Abstimmung lässt die Gemeindeordnung des Landes NRW
leider (noch) nicht zu.

Platz vor unserem Bahnhof! - Ein Bürgerbegehren nach § 26 GO NW

Ja, ich bin dafür, dass die Stadt Bonn Eigentümerin ihrer Grundstücke im Bereich der neugeplanten Südüberbauung gegenüber dem Bahnhof bleibt und der Ratsbeschluss vom 01.03.2012, der den Grundstücksverkauf will, nicht umgesetzt wird.

Begründung:

- Ein Investor hat Pläne für eine neue Südüberbauung vorgelegt. Diese sind nur realisierbar, wenn die Stadt ihre Grundstücke verkauft. **Die Pläne ignorieren den Bürgerwillen**, wie er im Bürgerbegehren 2004/5 und in der Bürgerwerkstatt 2005/6 formuliert wurde: **Abriss/Rückbau der Südüberbauung, größerer Abstand vom Bahnhof, mehr öffentlicher Raum und ein schlüssiges Verkehrskonzept.**
- Eine städtebauliche Verbesserung braucht eine **Gesamtlösung mit Platzcharakter** vom Kaiserplatz bis zur Thomas-Mann-Straße; diese muss die Sicht auf die Bahnhofsfassade zulassen und sich an der historischen Umgebung orientieren. **Kein neuer Klotz!**
- Laut Medienberichten (z. B. General-Anzeiger vom 05.03.2012) befürchten viele Kommunalpolitiker/-innen und leitende Mitarbeiter/-innen der Stadtverwaltung, dass am Bahnhof eine **Bauruine** entstehen könnte. **Das muss verhindert werden!**

Kostenschätzung gemäß § 26 Abs. 2 Satz 6 GO: Der Verkauf der städtischen Grundstücke soll zum Verkehrswert erfolgen. Sollte der Verkauf unterbleiben, wäre dies für die Stadt kostenneutral.

Berechtigt, die Unterzeichner/-innen zu vertreten, sind:
1. Prof. Dr. Dr. **Heinz Schott**,   53127 Bonn, 2. Prof. Dr. **Günter Bergerhoff**,   53127 Bonn, 3. **Ilse Wolf**,   53123 Bonn

Name	Vorname	Straße und Hausnummer	PLZ	Ort	Geburtsdatum Tag, Monat, Jahr	Unterschrift	Amtliche Anmerkung
			53	Bonn			
			53	Bonn			
			53	Bonn			
			53	Bonn			
			53	Bonn			
			53	Bonn			
			53	Bonn			
			53	Bonn			

Eintragungsberechtigt sind alle Deutschen und andere EU-Bürger/-innen ab 16 Jahren mit Erstwohnsitz in Bonn. Unterschriebene Listen - ggf. auch nur mit einer Unterschrift - bitte bis spätestens 20.06. zurück an eine(n) der drei Vertretungsberechtigten. Besuchen Sie uns auch im Internet: www.bahnhofsvorplatz-bonn.de

Erklärung der Initiatoren vom 01.06.2012

Mit angeblich juristisch stichhaltigen Argumenten versucht der CDU-Stadtverordnete Georg Fenninger, die laufende Unterschriftensammlung der Bürgerinitiative Bahnhofsvorplatz als unzulässig zu diskreditieren. Der Text des Begehrens wurde jedoch sorgfältig erstellt und von erfahrenen Fachanwälten für gut befunden. Es ist ein Armutszeugnis für die Stadt Bonn, dass sie nicht schon längst die Gestaltung des Bahnhofsvorplatzes energisch in eigene Regie übernommen hat. So gibt es keinen verbindlichen Masterplan für dieses wichtige Areal und ein kontinuierlich arbeitender Gestaltungsbeirat fehlt. Das jetzige Motto der Koalition von CDU und Grünen lautet offenbar: Besser, es geschieht etwas, als es geschieht nichts. Das bedeutet praktisch: Augen zu und durch. Wider besseres Wissen riskiert man einen neuen Klotz anstelle des alten, der eine tragfähige Gesamtlösung verhindern und die Meinung der Bürger missachten würde. Schade um unsere Stadt, die an ihren unerledigten und misslungenen Baustellen zu ersticken droht. Lassen wir die Bürger/Innen entscheiden, ob sie die jetzt angestrebte Scheinlösung gutheißen.

Für die Bürgerinitiative Bahnhofsvorplatz

Georges Hoitz, Heinz Schott (Stand 01.06.2012)

Zwei Poster zum Bürgerbegehren 2012

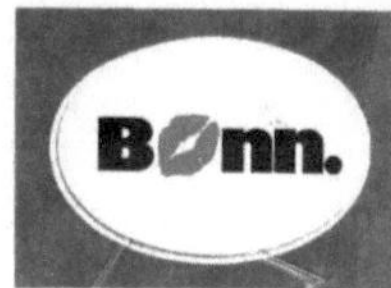

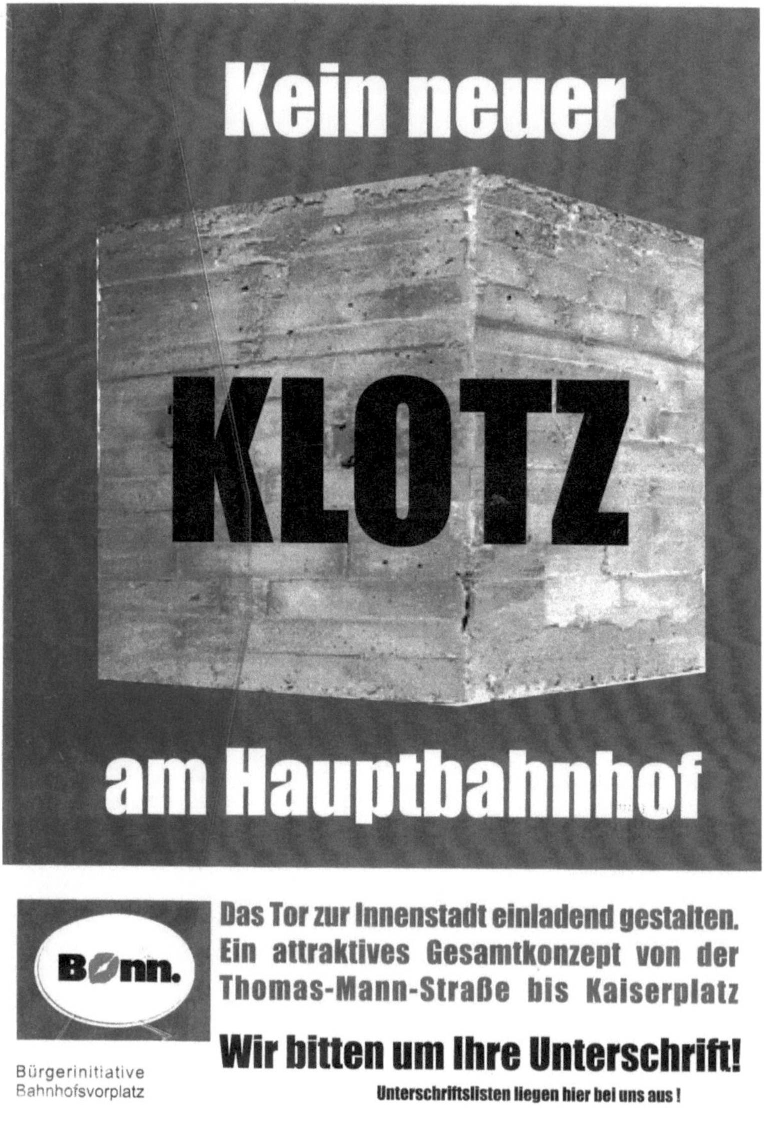
Kein neuer
KLOTZ
am Hauptbahnhof
Bonn.
Bürgerinitiative
Bahnhofsvorplatz
Das Tor zur Innenstadt einladend gestalten.
Ein attraktives Gesamtkonzept von der Thomas-Mann-Straße bis Kaiserplatz
Wir bitten um Ihre Unterschrift!
Unterschriftslisten liegen hier bei uns aus !

ENDSPURT
KEIN NEUER KLOTZ !
am Bahnhofsvorplatz !
Der geplante SEVENHECK-NEUBAU soll mit 5 ETAGEN NOCH HÖHER werden als die SÜDÜBERBAUUNG!
NEIN !
bis zum 24.6.2012
fürs
BÜRGER-
BEGEHREN
Tragen auch Sie sich noch schnell ein
in die UNTERSCHRIFTENLISTE
Liegt hier aus!!
oder drucken Sie selbst unter
www.bahnhofsvorplatz-bonn.de
Unterschriftenliste aus+unterschreiben
und an dort stehende Adresse senden !

Südüberbauung

An dieser Stelle finden Sie CDU-Informationen zur "Südüberbauung" und damit verbundene Diskussion. Informieren Sie sich hier über die CDU-Position zu diesem für Bonn so wichtigem Projekt. Schauen Sie sich auch die Präsentation an.

Info: <u>Pressemitteilung vom 22. Mai 2012</u>

Präsentation der Planungen als Flipbook

Für den Neubau des Maximilian Centers und den Abriss der Südüberbauung sprechen folgende Punkte:

Nach jahrelangem Stillstand ist es einem Investor gelungen, die 38 Teileigentümer zu einem Verkauf zu bewegen und damit die Voraussetzung für eine Neugestaltung zu erreichen. Auf der Grundlage des Ergebnisses eines städtebaulichen Wettbewerbs wurde eine Baugenehmigung erteilt, **die folgende Veränderungen und Verbesserungen bringt:**

- Durch die Rückversetzung des Baukörpers wird der Abstand zum Hauptbahnhof auf 23,60 m vergrößert. Das bedeutet, dass die verkehrliche Situation deutlich verbessert wird und erstmals auch ein Zweirichtungs-Radverkehrsweg entsteht.

- Durch den Abriss des City-Picks und die Abgabe weiterer Verkehrsflächen kann dann ein neuer ZOB entstehen, der die dortige unzulängliche Situation beendet.

- Durch die Zurückversetzung des Baukörpers wird erstmals vor dem Hauptbahnhof ein trichterförmiger Platz entstehen, der von der Poststraße den Blick auf den Bahnhof frei macht.

- Durch die Entkernung und Neugestaltung des Untergeschosses wird diese Ebene in den Verkehrserschließungen zu den Bahngleisen verbessert und es entsteht dort eine moderne freundliche Einkaufspassage.

[Seite 2 der Pressemitteilung]

Daraus resultierend wird die "Szene" am Busbahnhof ehemals Bonner Loch "ausgetrocknet" und das Erscheinungsbild am Eingangstor Bonns deutlich verbessert.
Der Hochbau erfährt eine Neugestaltung mit einer gegliederten Fassade bei der aber noch Veränderungen möglich sind.

Die Kaufkraft und Attraktivität der Bonner Innenstadt wird durch den Mix der Geschäftsnutzungen erheblich gesteigert. Durch den Ankermieter Saturn wird endlich ein fehlendes Segment des Angebotes gefüllt und wird auch eine positive Ausstrahlung auf andere haben.

Der Neubau eröffnet den Weg zur Ausschreibung einer Bebauung des Nordfeldes, die zeitgleich angegangen wird, aber nach der Lösung des Problems Südüberbauung ein Selbstläufer werden wird. Damit einhergehend werden neue Parkplätze am Hauptbahnhof entstehen und auch die Diskussion um den Cityring neu belebt.

Das Bonner Loch wird geschlossen und die Stadt erhält für die vielen ankommenden Besucher endlich ein modernes Gesicht. Die Investition von über 66 Millionen Euro bringt endlich neben dem Haus der Bildung und dem Sparkassenneubau eine Aufwertung der Innenstadt, die historisch ist.

Man muss hinsichtlich der vorgebrachten Kritikpunkte klarstellen, dass es sich um ein privates Bauvorhaben handelt auf das ein Rechtsanspruch besteht. Anders als beim WCCB ist der städtische Einfluss gering. Wünsche nach Verringerungen des Bauvolumens oder Wegfall weiterer Flächen müsste die Stadt mit hohen Millionenbeträgen finanzieren, was sie weder will noch kann. Die Finanzierung ist durch den Kredit einer namhaften Bank (ohne städtische Bürgschaft) gesichert und setzt den Eigenkapitaleinsatz (ohne Nebenabrede) voraus.

Hier können Sie die Präsentation zur "Südüberbauung" im PDF-Format ansehen und sich selbst ein Bild von den neuen Planungen machen!

     Diese Seite drucken

Geld ist noch nicht geflossen

Bei der Südüberbauung hakt es immer noch an allen Ecken und Enden

Von Cem Akalin

BONN. Ist es psychologische Kriegsführung oder Verzweiflungsoptimismus? Während Roger Sevenheck, Chef der German Development Group (GDG), Zuversicht signalisiert, dass es mit dem Neubau der Südüberbauung weitergeht, wehren andere Beteiligte vehement ab, wenn sie auf das Projekt angesprochen werden. „Wir stehen kurz davor, das Projekt umzusetzen", so Sevenheck, der gerade auf der Immobilienmesse Expo-Real in München sein Duisburger Outlet-Center-Projekt bewirbt. Die HSH Nordbank habe ebenfalls signalisiert, dass der 66-Millionen-Euro-Kredit bewilligt werde. Mit den 40 Eigentümern der jetzigen Immobilie sei man sich ebenso einig wie mit der ten Brinke Gruppe, die eines der Ladenlokale erworben hat. Auch der Vertrag mit der Stadt sei „unterschriftsreif". Also alles im grünen Bereich?

„Unsere Haltung ist unverändert", sagte Stadtsprecherin Monika Hörig. „Solange wir keinen sichtbaren Beweis für das Eigenkapital des Investors haben, gibt es von der Stadt keine Unterschrift." Man sei zwar „schon sehr weit mit den Verhandlungen, aber dieser eine, für uns sehr wichtige Schritt fehlt", so Hörig. Das Geld müsste der Investor „vorzugsweise auf ein Anderkonto" überweisen. Das sei bisher nicht geschehen.

Und wie sieht es mit einer Einigung mit der ebenfalls aus den

Die Südüberbauung vor dem Hauptbahnhof: Ihr Abriss ist seit mehr als zwei Jahrzehnten eines der Hauptthemen in Bonn. FOTO: AKALIN

Niederlanden stammenden ten Brinke Gruppe aus? Wie berichtet, hatte Sevenhecks Konkurrent im vergangenen Jahr ein Ladenlokal in dem Ensemble gegenüber dem Hauptbahnhof gekauft, woraufhin die Eigentümergemeinschaft Einspruch erhoben hatte. Nach der Teilungserklärung der Eigentümergemeinschaft, praktisch eine notarielle Urkunde beim Grundbuchamt, muss der Immobilienverwalter dem Verkauf zustimmen. Allerdings drohte die GDG nach GA-Informationen dem Verwalter mit Schadensersatzansprüchen für den Fall, dass dieser dem Verkauf zustimmt. Die Drohung war unnötig. Denn in einer außerordentlichen

Sitzung beschloss die Eigentümerversammlung, dem Verkauf zu widersprechen. Daraufhin zogen die Verkäufer in Bonn vor Gericht. Das Urteil, so ein Jurist, „war nicht ganz eindeutig". Ende Januar geht es nun in die nächste Instanz. Und damit also doch keine Einigung zwischen den niederländischen Geschäftsmännern? „Das eine schließt das andere doch nicht aus", sagte Albert ten Brinke. „Wir sind auf einem guten Weg, uns zu einigen. Wir haben ein klares Interesse an dem Projekt und wollen das voranbringen."

Die Situation ist in der Tat kompliziert: Die Eigentümergemeinschaft will endlich den Deckel über

> „Wir stehen kurz davor, das Projekt umzusetzen"
> Roger Sevenheck, Investor

dem Projekt schließen und muss den Verkauf, auch aus rechtlichen Gründen, anfechten. Die Verkäufer wiederum haben mit ten Brinke einen gültigen Kaufvertrag abgeschlossen und müssen – solange es keine Einigung zwischen ten Brinke und Sevenheck gibt – gerichtlich gegen den Widerspruch der anderen Eigentümer vorgehen. Ein Teufelskreis.

Das ganze Projekt steht jedenfalls ganz und gar nicht auf einem solch festen Fundament, wie es Sevenheck und zuletzt auch die schwarz-grüne Koalition propagiert haben. Aus Eigentümerkreisen hat der GA erfahren, dass erst 26 von 40 Eigentümern Kaufverträgen mit Sevenheck zugestimmt haben. Indes ist Geld erst bei einem einzigen Verkauf geflossen – der Immobilie einer Maklerin.

Und in Duisburg hat Sevenheck Ärger mit dem Finanzamt. Nach einem Bericht der NRZ fordert das Finanzamt die Grunderwerbsteuer für den Kauf des Areals ein. Da der Kaufvertrag für das Areal um die Rhein-Ruhr-Halle notariell beurkundet ist, will das Finanzamt Geld sehen. Doch Sevenheck will die fällige Grunderwerbsteuer von rund 325 000 Euro für das Grundstück vorerst nicht zahlen. „Ich habe das an unseren Rechtsanwalt weitergegeben, der das prüft", bestätigte Sevenheck. Bei der Südüberbauung zeigt sich Sevenheck optimistisch: „Wir wollen das Projekt haben. Wir haben sechseinhalb Jahre dafür gekämpft, und wir werden es umsetzen."

Ilse Maresch

Hintergrundinformationen zu den laufenden Planungen am Bonner Hauptbahnhof (2012)

<u>1) Bürgerwerkstatt</u>

In der **Bürgerwerkstatt** 2005/2006 wurden u.a. folgende Grundsätze erarbeitet:

- hochwertige, gegliederte und maßstäbliche Architektur, die den Übergang zur historischen Stadt prägt und damit den Empfangscharakter des Umfeldes unterstreicht;
- gemischte und vielseitige Nutzung mit tragfähiger Einzelhandelsmischung, Büro, Wohnen, Information, Dienstleistung und Kultureinrichtungen;
- Verkehrskonzept, das alle Verkehrsteilnehmer angemessen berücksichtigt;
- Raum vor dem Bahnhof;
- Planungskompetenz bei der Stadt.

Die gegenwärtige Planung missachtet diese Grundsätze:
- Ein neuer Klotz soll den alten Klotz der Südüberbauung ersetzen;
- Die Nutzung wäre ausschließlich gewerblich (kein Wohnraum etc.);
- Ein Verkehrskonzept fehlt
- Der Raum vor dem Hbf. würde weiter zugebaut
- Investoren setzen ihre Interessen durch.

2) Wettbewerb

Im **<u>Siegerentwurf des Wettbewerbes</u>** 2006/2007 wurde von dem Architekten Stefan Schmitz ein wesentlich kleineres Nachfolgegebäude anstelle der heutigen Südüberbauung geplant; eine Verschmälerung der Maximilianstraße war nicht vorgesehen.

Vergleich mit dem derzeit geplanten Maximiliancenter:

	Maximiliancenter	Wettbewerbssieger
Überbaute Fläche	2.204 qm	1.950 qm
Gesamte Nutzfläche	10.096 qm	6.050 qm
Brutto-Raum-Inhalt	44.220 m3	21.500 m3

3) <u>Abstand zum Hauptbahnhof</u>

Es gibt Irritationen durch widersprüchliche Angaben, wie weit vom Hauptbahnhof entfernt das geplante Maximiliancenter errichtet werden soll:

1. In der Bürgerversammlung am 27.3.2012 hat der Investor durch seinen Architekten öffentlich erklären lassen, dass sein Neubau im **Abstand von 23,50 m vom Hbf.** errichtet werden soll. Der historische Abstand betrug mindestens 27 m.
2. In der gleichen Bürgerversammlung hat der Investor angegeben, dass er sein **Gebäude auf der U-Bahn-Wand aufbauen** werde. Das habe statische Gründe.

Auch die Südüberbauung wurde auf der Innenstadt-seitigen Tunnelwand der U-Bahn aufgebaut.

Die Gebäudewand der heutigen Südüberbauung steht also genau an der gleichen Stelle, an der auch die Gebäudewand des Maximiliancenters hochgezogen werden soll!

<u>Die Breite der Straße Am Hauptbahnhof bleibt also dieselbe wie heute!</u>

Nur die **Arkaden**, unter denen heute der Bürgersteig verläuft, und die vorspringenden **Erker** oberhalb der Arkaden fallen weg. Dadurch kann optisch der Eindruck entstehen, als wenn die Straße breiter würde. Das ist aber nicht der Fall; sondern die Straßenbreite mit den Flächen für Fahrbahnen und Bürgersteige bleibt gleich! Sie kann lediglich anders aufgeteilt werden (z.B. zugunsten von Fahrradwegen). Eine andere Aufteilung des Straßenraums wäre aber auch heute möglich, dazu braucht man keinen Neubau.

<u>4) Verkehrskonzept</u>

Ein „**schlüssiges Verkehrskonzept**" gibt es nach wie vor nicht! Der Rat hat bisher nicht entschieden, welcher Verkehr vor dem Hbf. zugelassen werden soll und was mit dem restlichen Verkehr geschieht: ob er in andere Stadtgebiete verlagert oder durch Umsteigen auf den ÖPNV vermieden werden soll.

- Alles, was als „Verkehrskonzept" bisher an die Öffentlichkeit gelangte, sind Versuche, auf weniger Fläche mehr Verkehr unterzubringen.

- Der **Zentrale Omnibusbahnhof** soll um etwa 1/3 seines heutigen Bestandes geschrumpft werden → d.h. die Fläche reicht nicht aus für alle Haltestellen (4 Haltestellen sollen verlagert werden – vor Gleis 1, in der Maximilianstraße, oder gegenüber dem Hbf.). Eine Erweiterung des ÖPNV-Angebots ist damit künftig ausgeschlossen.
- Für **2 straßenbegleitende Fahrradwege** fehlt der gegenwärtigen Planung zufolge der Platz. Die „Fahrradhauptstadt Bonn" plant deshalb einen 2-Richtungs-Radweg vor dem Hbf., der die Mindeststandards nicht einhält.Eine **Bahnhofsvorfahrt** wird es nicht mehr geben, weil die Fläche vor Gleis 1 für den Zwei- Richtungsradweg gebraucht wird! Heute gibt es 8-9 Halteplätze, um Fahrgäste der Bahn zu bringen oder abzuholen (wichtig besonders für Gehbehinderte und für die internationalen Gäste der UNO-Stadt Bonn).Die **Taxenstände** werden aus Platzgründen in

die Rabinstraße verlegt; nachrückende Taxen sollen per Funk gerufen werden.

- Die **Anlieferung** durch schwere LKW soll nach dem Willen des Investors **über den ZOB** erfolgen. Das stört den Betriebsablauf empfindlich und ist für die Fahrgäste hoch gefährlich.

5) Gesamtlösung

Eine Gesamtlösung vor dem Hauptbahnhof ist unerlässlich! Stattdessen soll nun einfach die gesamte Straßenflucht entsprechend dem geplanten Maximiliancenter zugebaut werden → d.h. die **Enge** vor dem Hauptbahnhof bleibt und wird nach Norden und Süden hin fortgesetzt; wo heute noch Luft ist, steht künftig massive Bebauung. Nahezu alle **Bäume** zwischen Kaiserplatz und Thomas-Mann-Str. werden gefällt. Ob später Ersatzpflanzungen möglich sind, ist offen. Für den Verkehr ist zu wenig Platz. Eine solche „Gesamtlösung" haben sich die Bürgerinnen und Bürger in der Bürgerwerkstatt nicht vorgestellt!

Ilse Maresch, 6.6.12

Südüberbauung – Größenvergleich

Gefragt wurde nach
(1) Überbaute Fläche EG
(2) Gesamte Nutzfläche
(3) Gesamter umbauter Raum (Brutto-Raum-Inhalt = BRI)

		Sevenheck	Schmitz	SÜ heute
1.	**Überbaute Fl.EG**	2.204 qm	1.950 qm	2.185 qm Einschl. Bürgersteig unter Arkaden
2.	**Gesamte Nutzfläche**	10.096 qm	5.100 qm ohne 6.050 qm mit Staff.	7.050 qm
3.	**Brutto-Raum-Inh.**	44.220 m3	18.400 m3 ohne 21.500 m3 mit Staff.	51.740 m3 Einschl. Bürgersteig unter Arkaden

Anmerkungen:

Staffelgeschoss: Die Verwaltung zum Entwurf Schmitz: „Die Höhe wurde mit vier Vollgeschossen ohne Staffelgeschoss dargestellt." (DS1211111ST2). D.h. Ob Schmitz mit oder ohne Staffelgeschoss bauen würde, steht noch gar nicht fest. Es ist noch keine Entscheidung gefallen. Die BI will kein Staffelgeschoss.

Fläche unter Arkaden der heutigen SÜ: Unter den Arkaden verläuft der öffentliche Bürgersteig. Er ist mehr als 5m breit. Die Länge entspricht der Gebäudelänge. Die Fläche samt dem darüber befindlichen Luftraum ist öffentlicher Raum, kein Privateigentum. Der Eigner kann die Arkaden nicht verschließen und privat nutzen.

Information zur heutigen SÜ durch Sevenheck: Von der Verwaltung wird „im Wesentlichen auf Daten zurückgegriffen, die der Planer der neuen Südüberbauung zur Verfügung gestellt hat." „Nach Aussage des Planers" werden die Flächen der heutigen SÜ „ unter Abzug des durch alle Geschosse gehenden Luftraums, ohne Abzug der überdeckten Flächen der öffentlichen Durchgänge gemessen. D.h. Der öffentliche Bürgersteig unter den Arkaden der heutigen SÜ wird von Investor Sevenheck als „überbaute Fläche" Privater und der „Brutto-Raum-Inhalt" unter den Arkaden als privater Raum dargestellt.

(Zusammenstellung: Ilse Maresch, 11.5.2012)

Günter Bergerhoff

Eine Lösung für den Bonner Bahnhofsvorplatz – Eine Bürgeraktiengesellschaft

Empfehlung vom 4.03.2013

Das Bürgerbegehren 2012 mit dem Ziel, keine städtischen Anteile an der Südüberbauung an einen stark interessierten Investor zu verkaufen, damit eine so nicht gewünschte Bebauung verhindert wird, wirft die Frage nach einer besseren Lösung auf.

Sie wurde 2005/2006 in der Bürgerwerkstatt formuliert:

- **eine hochwertige, gegliederte und maßstäbliche Architektur, die den Übergang zur historischen Stadt prägt und damit den Empfangscharakter des Umfeldes unterstreicht;**
- eine gemischte und vielseitige Nutzung mit tragfähiger Einzelhandelsmischung, Büro, Wohnen, Information, Dienstleistung und Kultureinrichtungen;
- ein Verkehrskonzept für alle;
- **Raum vor dem Bahnhof;**
- Planungskompetenz bei der Stadt.

Solche Wünsche stehen für einen Investor nicht im Vordergrund, weil Investoren ihrer Planung immer eine hohe Renditeerwartung zugrunde legen werden, die nur mit einer massiven wirtschaftlichen Nutzung erreicht werden kann. Unsere „Rendite" wäre das Ansehen der Stadt mit positiven Effekten für alle.

Deshalb muss die Bürgerschaft selbst aktiv werden. Dafür ist in den letzten Jahren das Modell der Bürgeraktiengesellschaft belebt worden, das an mehreren Orten in Deutschland erfolgreich war.

- Schon 1884 ist auf diese Weise in Hagen der heute noch das Stadt bild prägende Stadtgarten entstanden.
- Der Zoologische Garten in Köln ist 1859 auf diese Weise ins Leben gerufen worden.
- 1930 Stadtgartenverein Bremen-Vegesack.
- 2007 haben die Bürger in Moers am Niederrhein mit einer Bürger-Aktiengesellschaft das historische Peschkenhaus retten kön nen.

Kennzeichen der Bürgeraktiengesellschaft sind: Kleiner Aktienbetrag – breite Streuung – geringe Renditeerwartung. Ein solches Angebot zur Hilfe bei der Stadtgestaltung spricht mehr Bürger an als eine Spendensammlung für ein elitäres Projekt, wie sie z.Z. in Bonn für ein neues Festspielhaus durchgeführt wird.

Oberbürgermeister Nimptsch hat zugesagt, einen Verkauf städtischer Anteile an den Investor für den Ersatz der Südüberbauung nicht zu unterschreiben, wenn die Finanzierung eines Neubaus nicht gesichert ist. Ein Nachweis dafür ist bis heute nicht erbracht. Die im Frühjahr auslaufende Baugenehmigung sollte deshalb nicht verlängert werden.

Dann kann die Bürger AG nach ihrer Konstituierung als Käufer für die Südüberbauung auftreten und nach dem Abriss zusammen mit der Stadt eine Neugestaltung im zu Beginn genannten Sinne finanzieren. Die Kosten für die ersten Gründungsschritte einer solchen AG könnten von der Stiftung Mitarbeit übernommen werden.

Die Einzelheiten der Neugestaltung sollten von der Stadt im Rahmen eines „Gestaltungsbeirates" diskutiert werden. Solche Beiräte sind bereits in vielen Städten Deutschlands erfolgreich tätig, z.B. in Köln.

Interessenten an dem skizzierten Weg zur Lösung des Problems „Bahnhofsvorplatz" sollten sich beim Verein „Pro Bahnhofsvorplatz Bonn" melden: „info@pro-bahnhofsvorplatz-bonn.de"

Dr. Hans Rüttgers

53119 Bonn

Telefon
Telefax

Dr. Hans Rüttgers · · · 53119 Bonn

Herrn Prof. Dr. Dr. Heinz Schott
Herrn Prof. Dr. Günter Bergerhoff
Frau Ilse Wolf

17. April 2012

Liebe Mitstreiter,

acht Mitglieder des Vereins „Pro Bahnhofsvorplatz Bonn e.V." haben für einen Beschluss des Vereins gestimmt ein Bürgerbegehren zu initiieren mit dem Ziel, die Stadt zu bewegen, den Ratsbeschluss vom 1.3.2012 zu kassieren, wonach städtische Eigentumseinheiten an die Maximiliancenter Bonn verkauft werden sollen.

Für den Beschluss hat somit nicht einmal ein Viertel der insgesamt 34 Mitglieder des Vereins gestimmt.

Kritisiert wird vor allem, dass die Ergebnisse der Bürgerwerkstatt nicht ausreichend bei der geplanten Neubebauung des Grundstücks Überbauung Süd berücksichtigt würden. Die der vorliegenden Baugenehmigung entsprechende Baumasse sei zu groß. Vor allem sei der Abstand des Neubaus vom Bahnhof zu gering und die Erweiterung der Poststraße zu einem Platz unzureichend.

In der Sitzung des Vereins, in der der Beschluss ein Bürgerbegehren anzustreben, gefasst wurde, ist von den Mitgliedern, die gegen den Beschluss waren und die mit drei Stimmen unterlegen sind, darauf hingewiesen worden, dass die Teilnehmer der Bürgerwerkstatt ausdrücklich aufgefordert wurden, alle Wunschvorstellungen für die Neugestaltung des Bahnhofsvorplatzes zu äußern unabhängig davon, ob diese zu realisieren wären.

Was nun gefordert wird, ist von keinem Investor zu finanzieren. Die zum Ankauf des Altbaus Überbauung Süd, der Abrisskosten, der Neubaukosten sowie der Entschädigungen für weichende Mieter erforderlichen Aufwendungen können · wenn überhaupt · nur durch eine ausreichende Größe von Nutzflächen im Neubau auf dem Grundstück der Überbauung Süd finanziert werden.

118

[Seite 2 des Briefes von Dr. Rüttgers]

Wenn der Ersatzbau nicht, wie z. Z. geplant 7,5 Meter, sondern weiter vom Bahnhof entfernt errichtet würde, müsste die Gründung auf dem U-Bahntunnel erfolgen. Hierdurch würden nicht finanzierbare Mehrgründungskosten entstehen.

Die Tatsache, dass die seinerzeit entwickelten Wunschvorstellungen nur teilweise durch den vorgesehenen Ersatzbau berücksichtigt werden können, ist zwar enttäuschend aber leider unvermeidlich.

Die Idee, dass ein Verlust von Nutzflächen auf dem Grundstück Überbauung Süd durch Vergabe städtischer Grundstücke in diesem Bereich unter dem Marktwert kompensiert werden könnte, ist nach wohl zutreffender Auskunft der Stadt nicht realisierbar. Hier würde es sich um eine unzulässige Beihilfe zur Realisierung eines privaten Investments handeln.

Jeder Investor würde es begrüßen, wenn ihm durch „günstige“ Übertragung städtischer Grundstücke eine Verkleinerung des Ersatzbaus Überbauung Süd und die Bebauung der leeren städtischen Grundstücksflächen möglich würde.

Die vorstehend beschriebenen Zusammenhänge können wohl nicht den am Bürgerbegehren Beteiligten beim Werben um Nein-Stimmen erklärt werden · wenn dies überhaupt gewünscht würde.

Als Ergebnis eines im Sinn der Initiatoren des Bürgerbegehrens positiven Ergebnisses wird festzustellen sein, dass der jetzige Zustand auf Dauer erhalten bleibt. Das würde sicher die Mehrheit der Bonner Bürger bedauern.

Mit freundlichen Grüßen

F▮▮▮▮   Georg (CDU-StV)" <georg.f▮▮▮▮@bonn.de>
Betreff: Re: Bürgerbegehren
Datum: Fri, 25 May 2012 22:18:40 +0200
An: Günther Bergerhoff <▮▮▮▮@uni-bonn.de>

Lieber Herr Bergerhoff,
es tut mir leid, dass Sie ihre unvollständigen Informationen nur aus dem GA beziehen. Auf unserer Homepage können Sie die Rechtsauskunft zur Zulässigkeit ihres Bürgerbegehrens mit Begründung und Urteilen nachlesen. Ich würde es ihnen auch gerne bei einem Kaffee erläutern, wenn Sie möchten. Jedenfalls möchte ich nicht, dass Sie hinterher sagen, Sie hätten es nicht gewusst.
Auch zu Ihrem "Lob" kann ich Ihnen leider auch nur Uninformiertheit bescheinigen. Die CDU Fraktion hat in diesem Punkt die Abstimmung ausdrücklich frei gegeben und es wurden auch unterschiedliche Voten abgegeben. Gerade hier gab es k e i n e n Fraktionszwang! Dass diejenigen im Hauptausschuss eine Mehrheit gebildet haben und dem Antrag von FDP und Grünen zugestimmt haben, die die Stadt vor einem Nothaushalt bewahren wollen, werden Sie ja hoffentlich nicht kritisieren. Der OB, die SPD und die Linken gehörten übrigens nicht dazu. Er hat sogar gegen seine eigene Vorlage gestimmt.
Es tut mir irgendwie leid, dass Sie andere Auffassungen so interpretieren wie es Ihnen zu passen scheint. Das Angebot mit dem Kaffee meine ich wirklich ernst.
Mit freundlichem Gruß
Georg F▮▮▮▮

Am 25.05.2012 um 20:35 schrieb "Günther Bergerhoff" < ▮▮▮▮@uni-bonn.de>:
Sehr geehrter Herr F▮▮▮▮
es ist kein guter Stil, ein ungewünschtes Bürgerbegehren kaputt reden zu wollen.
Am 24.5. zitierte der GA Sie u.a. mit der Aussage "falsch sei die Behauptung, es entstehe keine städtebauliche Verbesserung und Gesamtlösung".
In unserer Begründung wird u.a. deutlich gesagt, dass "sich die Bebauung an der historischen Umgebung orientieren muss". Das ist mit Sicherheit nicht der Fall und wo ist die Gesamtlösung, wenn ein Maximiliancenter gebaut wird, das die Verkehrslösung mitbestimmen will?
 Am 25.5. zitiert der GA die CDU damit, dass "die Bürger nicht doppelt beteiligt werden dürfen". Unser Bürgerentscheid möchte den Ratsbeschluss vom 1.3.12 kassieren. Im § 26(3) des Gesetzes zum Bürgerentscheid und Bürgerbegehren muss das Bürgerbegehren innerhalb 6 Wochen (mit Verlängerung) eingereicht werden und nach § 29 (5) nicht in Angelegenheiten, über die in den letzten zwei Jahren bereits ein Bürgerentscheid durchgeführt worden ist. Dies ist ohne Zweifel nicht der Fall. Das letzte Bürgerbegehren war vor sieben Jahren und der Rat war so einsichtig, dass es keines Bürgerentscheides bedurfte.

Ich möchte Sie aber auch loben. Der GA zitiert Sie auch am 25.5. mit der Frage "welche Nachteile haben die Bürger denn" durch die Stellenstreichung. Herr Fuchs antwortet: "keine. Selbst dann nicht, wenn 10 Stellen eingespart werden". Das ist wahrscheinlich eine zutreffende Feststellung, aber selbstverständlich kann das ein Ratsmitglied aus der Gegenpartei nicht akzeptieren und so sind nicht die Stimmen der Ratsmitglieder entscheidend, sondern nur die Stärke der Parteien. Dass der "Fraktionszwang" die freie Meinung der Abgeordneten (wie es im Grundgesetz bestimmt wird) konterkariert, ist leider die Regel geworden.
 Mit freundlichem Gruss
G.Bergerhoff

Hiltrud Kier <   @uni-bonn.de>
Betreff: Re: Verein Pro Bahnhofsvorplatz Bonn
Datum: Fri, 01 Jun 2012 12:27:46 +0200
An: Günther Bergerhoff <   @uni-bonn.de>
Cc:

Sehr geehrter Herr Kollege,
ich habe vor kurzem darauf hingewiesen, dass die derzeitige Gestaltung vor dem Bahnhof, die von
Prof. Friedrich Spengelin stammt, inzwischen als ein Beispiel des Architekturerbes der 1960er/70er
Jahre positiv gesehen werden muss. Leider ist ja sowohl der Bau als auch die Unterführung durch
unterlassene Baupflege in einem so vergammelten Zustand, dass die Qualitäten schwer erkennbar
sind. Als Ergebnis eines diesbezüglichen Seminars von mir hat sich eine studentische Initiative mit
Namen "Werkstatt Baukultur Bonn" gegründet, die sich intensiv mit Führungen und Vorträgen an
die Bevölkerung wendet und für die Nachkriegs-Architektur in Bonn wirbt. Ich sende den drei
Hauptverantwortlichen dieser Initiative eine cc und bitte darum, dass sie mit Ihnen eine Begehung
machen - zu der ich natürlich auch gerne dazu komme.

Es gehört zum Lernziel der Kunstgeschichte, die Studierenden zu befähigen, sich mit allen Epochen
vorurteilsfrei auseinanderzusetzen und die jeweiligen Qualitätskriterien zu benennen. Insgesamt
gehört es zu unserem Fach, bedauerlicherweise abgebrochene Architekturen zu betrauern (wie z.B.
die ursprüngliche historistische Bahnhofsumgebung), aber gleichzeitig die neu entstandenen Objekte
gewichten zu können und ggf. ihre Vermittlung zu betreiben.

Die historistische Bahnhofsumbauung wurde ja damals entfernt, weil ihre Gestaltqualitäten nicht
rechtzeitig erkannt wurden.

Sicher bleiben wir im Gespräch.
In diesem Sinne grüßt sehr freundlich Hiltrud Kier

Prof. Dr. Hiltrud Kier
Institut für Kunstgeschichte und Archäologie, Abt. Kunstgeschichte Regina-Pacis-Weg 1 D-53113
Bonn
Privat: D-53909 Zülpich,

Am 30.05.2012 10:39, schrieb Günther Bergerhoff:

Sehr geehrte Frau Kollegin,
im Rahmen eines Ihrer Vorträge - so wurde mir
berichtet - sollen Sie sich auch mit
Denkmalschutzproblemen in Bonn befasst haben.
Unser Verein hat ein Bürgerbegehren zur
Neugestaltung des Bahnhofsvorplatzes gestartet.
Genaueres geht aus der 1.Anlage hervor.
In der 2.Anlage sind einige Gedanken zum Problem skizziert.
Da das Umfeld des denkmalgeschützten
Hauptbahnhofes im Mittelpunkt steht, dürfen wir vielleicht auf Ihre
Unterstützung hoffen.
Für einen Kontakt mit Ihnen wäre ich dankbar.
Mit freundlichem Gruss
G.Bergerhoff

Großzügige Lösung

Titelbild mit dem Bahnhofsvorplatz vom 24. März

Vielen Dank für das schöne Titelbild „vor dem Bonner Bahnhof". Es zeigt Bonn von einer guten Seite: Man kommt aus dem Bahnhof und findet bestes städtisches Leben. Großzügige Fahrbahnen, gesäumt von ebenso großzügigen Gehwegen, zum Teil sogar mit Baumbepflanzung, die Bebauung mit feingliedrigen Fassaden bilden den richtigen Rahmen.

Vielleicht ist es den Planern möglich, durch Grundstücksveränderungen eine ähnlich großzügige Lösung zu erreichen.

Siegfried Wohlfahrt, Remagen

Wenn man das Titelbild „Damals vor dem Bonner Bahnhof" sieht, dann steigen einem die Tränen in die Augen angesichts der 1969 begonnenen Verschandelung. Hoffentlich hat man für die geplante Neugestaltung etwas gelernt.

Jo Adams, Bad Honnef

General-Anzeiger, 6.04.2009

Das alte Lied vom Kuckuck

Berichterstattung zum Thema Südüberbauung

Die Ereignisse im Zusammenhang mit der Südüberbauung am Hauptbahnhof Bonn erinnern an das alte Kinderlied von dem Kuckuck, der auf dem Baume saß, von einem Jäger erschossen wurde und nach einem Jahr wieder da war, worüber sich die Leute freuten.

Wenn es in dem Artikel heißt „Investor verspricht: Der Klotz kommt weg", so muss dies nur leicht abgewandelt werden, um den säkularen Bonner Schildbürgerstreich an das Lied anzupassen.

Die einzige sinngemäße Änderung wäre dann das letzte Wort des neuen Liedes:

Auf einem Platz ein Klotz rum – stand. Da kam ein fescher Holländer – an. Der riss den Klotz ganz einfach – ab. Und als ein Jahr vergangen – war. Da war der Klotz nun wieder – da. Da freuten sich die Leute – nicht!

Und darüber hat man in Bonn 20 Jahre lang diskutiert. Nicht zu fassen.

Reinhard Junker, Bonn

General-Anzeiger, 4.05.2009

Enttäuschend

Zuschrift zum Thema Südüberbauung

Die Überschrift „ Neubau am Bonner Bahnhof rückt in greifbare Nähe" war kein Anlass zur Freude. Sollen sich die Bonner jetzt freuen, dass sie Saturn als Visitenkarte bekommen? Da ist die bisher vorhandene Nutzung besser. Es geht doch bei einer Umgestaltung des Bahnhofsbereichs neben Beseitigung einer hässlichen Fassade um eine gute räumliche Gestaltung und eine verträgliche Nutzung, die dieser wichtigen Eingangssituation zur Innenstadt gerecht ist.

Ist das wirklich das Ergebnis aller Mühe der vergangenen 30 Jahre? Die Bonner Bürger haben eine anspruchsvolle Lösung in jeder Hinsicht erwartet, die zur weiteren Aufwertung der Innenstadt beiträgt. Man wird das Gefühl nicht los, dass das Vorhaben vom Anfang an gequält ist. Dass mehrere Ratsfraktionen gegen das Vorhaben sind, verstärkt den Eindruck, dass die Ratsmehrheit mit „Augen zu und durch" nur einen Erfolg sucht, das sich allerdings nur als ein Missgriff darstellen wird. Stadtentwicklung braucht einen langen Atem. Dieser Investor wird nicht der letzte sein.

Dr. Sadek El Banna, Bonn

General-Anzeiger
15.03.2012

Nichts zu erwarten

Zum Artikel „Die blockierte Stadt – Nichts als Pläne" vom 27. Juli

Es ist gut und wichtig, dass der General-Anzeiger dieses Thema aufgreift. Es ist höchste Zeit, dass die gut informierten und engagierten Bürger das Heft selbst in die Hand nehmen; denn von Politik und Verwaltung ist nicht viel zu erwarten. Deren Vertreter sind vollkommen damit beschäftigt, sich gegenseitig auf verschiedenen Ebenen zu bekriegen: Politik gegen Verwaltung, Partei gegen Partei, Stadtbezirk gegen Stadtbezirk. Armes Bonn, so bleibst du Provinz! Der OB ist leider keine vermittelnde Persönlichkeit – gießt vielmehr selbst noch Öl ins Feuer.

Da gibt es aber auch einen Bonner Stadtverordneten, der brüskiert wird, weil er es gewagt hat, das Wohl der Gesamtstadt im Auge zu haben. Mit vereinten Kräften wird anscheinend daran gearbeitet, der Bezirksregierung in Köln die Verantwortung für die Stadt zu übergeben. Der man dann alles Unangenehme, aber Unvermeidliche in die Schuhe schieben kann.

Gerd Fuchs, Bonn

General-Anzeiger
29.07.2013

Viel zu zögerlich

Zum Artikel „Die blockierte Stadt – Nichts als Pläne" vom 27. Juli

Die Entwicklung der Stadt Bonn stagniert schon seit einigen Jahren in vielen Bereichen. Ein produktives und zukunftsorientiertes Miteinander zwischen Politik, Verwaltung und auch den Bürgern ist nicht gegeben. Der Stadtrat, gebildet aus Freizeitpolitikern, ist der hauptberuflichen Verwaltung kaum gewachsen. Dass der Oberbürgermeister auch Chef der Verwaltung ist, kann nicht funktionieren. Die jüngste Vergangenheit zeigt dies in bestürzender Weise. Chef sein setzt Fachwissen, Führungsstärke, aber auch die Fähigkeit, andere zu begeistern, voraus. Dass die Stadt nicht geführt wird und deshalb vor sich hin dümpelt, begründet sich aber auch durch politische Eigenliebe – bloß nicht in meinem Stadtbezirk – und überholten Ideologien – Investoren wollen nur das schnelle Geld. Entscheidungen werden keine getroffen. Wer nicht entscheidet, macht auch (zunächst) keinen Fehler und ist somit kaum angreifbar. Oder man gibt Gutachten in Auftrag. Siehe zur Zukunft der öffentlichen Bäder. Bis zur nächsten Wahl oder einem Bürgerprotest kann man so Entscheidungen vor sich her schieben und/oder sich abnehmen lassen.

Ja, auch durch Bürgerproteste werden wichtige Entwicklungen verhindert. Häufig lautstark und getreu dem Sankt-Florians-Prinzip: „Verschont mein Haus, zündet das andere an." Oder sie versinken in historischer Wehmut. Siehe Metropol oder Bahnhofsvorplatz. Mangelnde Planungssicherheit vergrault nun einmal Investoren. Im Sport tauscht man, wenn sich Erfolg nicht einstellen will, Trainer und Spieler aus. Die Lösung für Bonn?

O. W. Winzen,
Bonn

General-Anzeiger, 6.08.2013

Die Entscheidung des Städtebaubeirats, den klassischen Entwurf zu verschmähen, war abzusehen. Auch anderswo haben sich die sogenannten Gestaltungskommissionen in ähnlichen Fällen für hässliche Beton- und Glaskuben entschieden. Die Begründung Herrn Lütke-Daldrups allerdings gegen das KK16-Projekt ist aberwitzig. Es wird ihm vorgeworfen, dass es drei unterschiedliche Stile integriert.

Wie bitte? Beim unförmigen Klotz des Museums der bildenden Künste in Leipzigs City gegenüber prachtvollen Barockhäusern störten den mitverantwortlichen Lütke-Daldrup die verschiedenen Baustile nicht.

Denn das ist doch immer das Argument der „Modernisten" für gesichtslose 08/15-Bauten im historischen Umfeld: Der Kontrast sei spannend, das Zusammenspiel der unterschiedlichen Baustile. Außerdem, so Lütke-Daldrup, rücke der Entwurf „Urban Soul" den Bestandsbauten nicht auf die Pelle, was er aber durch seine Höhe und die flachen Dächer doch tut, im Gegensatz zum KK16-Kaufhaus, welches sich mit Mansarddach und Gauben wesentlich besser einfügt.

Mit zurechtgebogenen Argumenten werden so historisierende Entwürfe abgelehnt. Zu KK16: Bei der Parkhausgestaltung gibt es nur begrenzte Möglichkeiten. Hotel und Kaufhaus aber orientieren sich an Gründerzeit, Historismus und Jugendstil mit dem ehemaligen Kaufhaus an der Stelle des heutigen Gangolfcenters als Vorbild und nehmen so den historischen Kontext auf.

Sie schaffen die Verbindung von Musikerviertel, Hauptbahnhof und Innenstadt und bieten damit ein überzeugendes städtebauliches Konzept, nicht aber „Urban Soul", der durch seine eintönige Masse in Verlängerung der unsäglichen DRV-Bauten die Viertel voneinander abriegelt.

Peter Naberfeld
Bonn

Vom "Bonner Loch" zur "Urban Soul"
(2014-2020)

Aktionsgemeinschaft Bahnhofsvorplatz
Trägerin des Bürgerbegehrens zum Bahnhofsvorplatz
Verein Pro Bahnhofsvorplatz Bonn e.V.

Gemeinsame Presseerklärung
Bonn, 11.05.2014

Der Verein Pro Bahnhofsvorplatz Bonn e.V. lehnt unter den gegenwärtigen Umständen die Bebauung des Nordfelds ab, da ein verbindliches Gesamtkonzept für den Bahnhofsvorplatz fehlt. Die beklagenswerte städtebauliche Situation vor dem Hauptbahnhof kann nur verbessert werden, wenn planmäßig das gesamte Areal vom Kaiserplatz bis zur Thomas-Mann-Straße gestaltet wird und dabei auch einen echten Platz vorsieht. Nur so kann der denkmalgeschützte Bahnhof wirksam zur Geltung kommen. Niemand weiß jedoch zur Zeit, was mit der maroden Südüberbauung überhaupt geschehen kann und wird. Es gibt zwar Pläne, die wieder einen solchen Klotz im selben Umfang vorsehen, nur um einige Meter versetzt aber keinen Bauherrn. Ebenso ungeklärt ist ein Verkehrskonzept für alle. So ist fraglich, in welcher Form der suboptimale Busbahnhof in Zukunft angelegt werden soll. Trotz Bürgerwerkstatt vor einem Jahrzehnt hat sich bisher leider nichts bewegt. Wir vermissen den Gestaltungswillen und die Gestaltungskraft der Stadt. Der neue Stadtrat, den wir in Kürze wählen werden, muss das Problem zielstrebig aufgreifen und endlich einen attraktiven Eingangsbereich zum Stadtzentrum hin schaffen. Diese überaus wichtige Nahtstelle kann nicht einfach Investoren überlassen werden nach dem Motto: Das Ganze darf die Stadt nichts kosten.Drauflosbauen ohne verbindliche Gesamtplanung ist kurzsichtiger Aktionismus und wird zu keinem befriedigenden Ergebnis führen.

Für den Verein Pro Bahnhofsvorplatz Bonn e.V.
Der Vorsitzende: Prof.Dr.Dr.H.Schott

Pläne für das Nordfeld

Illustration zum Artikel von Cem Akalin:
Fassade von „Urban Soul" fällt wieder
durch (General-Anzeiger 18.04.2015)

Die Entwürfe von fünf Bewerbern für
das Nordfeld von links nach rechts:

- Ten-Brinke-Entwurf
- Urban Soul"
- Vorschlag von Nattler Architekten
- „KK 16"
- „Cassiustor"

Die Kandidaten fürs Nordfeld: (von links) der Ten-Brinke-Entwurf, „Urban Soul" der developer Projektentwicklung GmbH, der Vorschlag von Nattler Architekten für die RMA Real Estate Management Assistance GmbH, „KK 16" und das „Cassiustor" der Development Partner AG. Der Verein Pro Bahnhofsvorplatz hat sich für den Ten-Brinke-Entwurf ausgesprochen, der Städtebaubeirat favorisierte „Urban Soul".

ARCHIVFOTOS: HORST MÜLLER

Birgitt Redlich

Anmerkungen zum Klimagutachten der Baumaßnahmen am Nordfeld im Bahnhofsbereich 2015

Die Bahntrasse der Deutschen Bahn ist eine Kaltluft- und Frischluftschneise, die durch ihren Verlauf von Nordwest in Richtung Südost einen wichtigen Beitrag für die Durchlüftung u.a. der Bonner Innenstadt leistet (Klimagutachten der Gesellschaft für angewandte Geowissenschaften 2015 , S. 7 mit Verweis auf das Große Klimagutachten des Deutschen Wetterdienstes 1990). Im Sommerhalbjahr ist tagsüber eine Strömung aus Nordwest nachweisbar, während nachts überwiegend ein südöstlicher Wind weht (S. 5/6).

Es besteht allgemeine Übereinstimmung unter Geowissenschaftlern, dass jede Bodenversiegelung das natürliche Kleinklima beeinflusst in Richtung zu höheren Temperaturen und zu meist schwächerer Windgeschwindigkeit , aber auch zu verstärkter Windböigkeit. Das geschieht in Abhängigkeit von der Lage, Größe der Fläche, Versiegelungsgrad und mittlerer Gebäudehöhe. Andere Kriterien wie Baumaterialien , architektonische Formen (z.B. Vorsprünge) u.a. spielen nicht eine derartig herausragende Rolle wie die oben erwähnten.

Bereits im Sommer 2012 haben engagierte Bürger (Verkehrsforum Bonner Bürgerinitiativen) in einem Bürgerantrag (DS 1212265ED2) dargelegt, dass das Umfeld des Bonner Hauptbahnhofs nie so dicht bebaut gewesen ist, wie es zum Zeitpunkt des Antrags bereits war und durch die Planungen noch mehr verdichtet werden sollte. Die Bürgerinitiativen mahnten an, *vor* einer europaweiten Ausschreibung ein unabhängiges Klimagutachten im Auftrag der Stadt erstellen zu lassen, die Planungen auf dem „ Nordfeld „ und an der Rabinstraße betreffend.

Es sollte dadurch der Nachweis erbracht werden, dass das Klima in der Innenstadt und die Durchlüftung durch die Bebauung nicht beeinträchtigt würden. Auf Anraten der Verwaltung (DS 1212265ST4) wurde jedoch das Gutachten in Form einer Computersimulation im verwaltungstechnischen Ablauf zwischen der Phase 1 und 2 des Verhandlungs- und Bieterverfahrens erbracht (Phase 1: Abgabe des indikativen Angebots, Phase 2: Bieterverhandlungen und verbindliches Angebot).

Mittels Computersimulationen wurden Veränderungen durch die geplanten Gebäude der 5 eingereichten Entwürfe auf Wind, Temperatur und meteorologischen Komfort bzw. Diskomfort (Wohlbefinden bzw. Unbehagen) untersucht. Die Ergebnisse dienten als eins der Auswahlkriterien bei der Entscheidung für einen der Entwürfe. Andere Punkte betrafen Nutzungskonzeption , Städtebau und Gestaltung, Energieeffizienz und Preisgebot, angegeben in verschiedener prozentualer Gewichtung (Expose Nordfeld DS 1212780ED 11, S. 31). Die Untersuchungen zeigten eine unterschiedlich ausgeprägte Zunahme von Windgeschwindigkeit und -turbulenz, eine geringfügige Verringerung der Lufttemperatur und eine geringere thermische Belastung und damit eine geringfügige Verbesserung des Wohlbefindens (PMV Wert) bei allen Entwürfen.

Die Punktebewertung führte bei allen zur Einstufung mit der Note Genügend. Bei genauerer Betrachtung weisen die Entwürfe 1 und 3 aber die am wenigsten ausgeprägten Veränderungen der Windgeschwindigkeit auf. Diese Entwürfe befinden sich mit der Summe ihrer Punkte im positiven Bereich der Bewertung Genügend. Sie wurden jedoch bei der Auswahl nicht berücksichtigt. Die Klimaverträglichkeit wurde nur mit 5% bei der Auswahl eines Entwurfs gewichtet, dagegen Nutzungskonzeption und Preisgebot mit 20% bzw. 25%.

In dem Klimagutachten für die Bebauung des Nordfelds und bahnseitig in der Rabinstraße/Thomas-Mann-Straße wird ausdrücklich erwähnt, dass das Gebäude der Zurich-Versicherung den Querschnitt der Durchströmung der Rabinstraße erheblich einschränkt (S. 4). Man darf wohl davon ausgehen, dass es zu einer Verschlechterung der klimatischen Verhältnisse in der direkten Nachbarschaft gekommen ist. Die Computersimulation ergab, dass der klimatische Status quo trotz der geplanten Bebauung erhalten bliebe. Das könnte darauf hinweisen, dass es also bei der bereits veränderten Ausgangslage kaum noch zu einer weiteren Beeinträchtigung käme.

Die Stadt Bonn befindet sich finanziell in einer misslichen Situation (Haushaltssicherungskonzept). Trotzdem dürfte bei fortschreitender Klimaerwärmung die Zeit zu Ende gehen, dass man sich den Luxus erlaubt, bei Grundstücksverkäufen an Investoren nahezu ausschließlich ökonomischen Interessen den Vorrang einzuräumen. Vielmehr wird die Stadt ihre Bauleitplanung den klimatischen Verhältnissen anpassen und auch bei bereits bestehender Bebauung für Verbesserung sorgen müssen. Bei zusätzlicher Versiegelung ist die Anlage von Grünflächen erforderlich – Dach- und Fassadenbegrünung, Grünanlagen, am besten in Verbindung mit kleinen Wasserflächen (Projekt Stadtklima im Wandel, Interview General-Anzeiger Bonn, 26.07.2018, S. 8). Dabei ist es wünschenswert, dass bereits **vor** einer Ausschreibung eines Bebauungsprojekts eine allgemeine Klimaverträglichkeit untersucht wird und entsprechende Vorgaben bezüglich der Größenordnungen bei Gebäuden in der Fläche und in der Höhe gemacht werden. Bei Betrachtung der Luftaufnahme fällt es nämlich schwer, die nur geringfügigen negativen Auswirkungen auf das Kleinklima nachzuvollziehen.

Graphik aus dem Bürgerbrief der Stadt Bonn: Einladung zur Bürgerinformationsveranstaltung am 17.04.2015 (OB, Stabsstelle Liegenschaftsamt). Links oben, halbrundes Gebäude = Zurich Versicherung. Weiße Umrandungen = geplante Gebäude auf dem Nordfeld.

Bebauung Nordfeld: Pressemitteilung 25. Juni 2015

Pressemitteilung 25. Juni 2015

Bebauung Nordfeld:
BBB **kritisiert die Entscheidung des Stadtrates für „Urban Soul"**

Unverständlich bleibt für die *BBB*-Stadtratsfraktion die Entscheidung von CDU, SPD und FDP zur Vergabe des Filetgrundstücks vor dem Bonner Hauptbahnhof an den Investor von „Urban Soul". *BBB*-Fraktionsvorsitzender Bernhard Wimmer :

„CDU, SPD und FDP haben mit „Urban Soul" den Entwurf ausgewählt, der bei der Bürgerversammlung glatt durchgefallen und dort auf breite Ablehnung gestoßen war. Da Nachverhandlungen zur Veränderung der angebotenen Fassade, die auch vom Gestaltungsbeirat dringend gefordert worden waren, nach Auskunft der Verwaltung nicht zulässig sind, kann damit auch keine Verbesserung des Entwurfs mehr erreicht werden. Alles muss damit so bleiben, wie vom Investor vorgelegt. Auch wenn der Rat natürlich das Recht zur Entscheidung hat: Bürgerbeteiligung ist in Bonn zu einer reinen Alibi-Veranstaltung degeneriert. Das gilt auch für die Anhörung der Bezirksvertretungen. Denn dort hatten nur SPD und FDP für „Urban Soul" votiert, während sich eine breite Mehrheit mit der CDU dort für das „Cassius-Tor" ausgesprochen hatte. Dass sich die CDU-Ratsfraktion damit auch über das Votum ihrer Bonner Bezirksvertreter hinweggesetzt hat, macht diese Entscheidung zusätzlich unverständlich.

Obwohl immer betont worden war, dass vor dem Gebäude des Hauptbahnhofs eine platzähnliche Aufweitung der Poststraße Besucher der Innenstadt willkommen heißen sollte, akzeptierte die Mehrheit, dass diese von der Bevölkerung einmütig gewünschte städtebauliche Verbesserung bei ihrer Entscheidung keine Rolle spielte. Denn der Siegerentwurf „Urban Soul" überschreitet zur Südüberbauung hin die in der Ausschreibung vorgegebene Baugrenze und engt damit den möglichen Platzraum ein. Nach den mündlichen Ausführungen des Leiters des Liegenschaftsmanagements in der Ratssitzung beträgt diese Überschreitung 2 bis 4 Meter, sodass der zwischen Neubau und Südüberbauung geplante Platz um 141 qm verkleinert wird. Das ist angesichts der dortigen Enge keine Kleinigkeit.

Kritik übt der *BBB* auch daran, dass die Klimaverträglichkeit aus seiner Sicht nicht ausreichend bewertet wurde. Denn bei genauerer Analyse hatte der in der Endausscheidung stehende konkurrierende Entwurf (Development Partner / Cassius-Tor) im Bereich der Beeinflussung des Windfeldes die geringsten Nachteile, da er auch die geringsten maximalen Bauhöhen aufwies. Bei dem von der Ratsmehrheit ausgesuchten Entwurf fällt auch die Störung und damit auch die Verschlechterung bei der Windgeschwindigkeit deutlicher als beim Konkurrenz-Modell (Development-Partner / Cassius-Tor) aus.

Für uns ist angesichts der Lage des Baugrundstücks in der Windschneise entlang der Bahnlinie und seiner unmittelbaren Nachbarschaft zur regelmäßig überhitzten City von Bonn zwingend, dass die klimatischen Beeinträchtigungen eines Neubauvorhabens so gering wie möglich ausfallen müssen. Das ist beim ausgesuchten Entwurf nachweislich nicht der Fall."

BBB mit der freundlichen Bitte um Veröffentlichung

Der Städtebaubeirat wegen des Nordfelds in der Kritik

Cem Akalin

Der Städetbaubeirat muss nach zweijähriger Tätigkeit neu berufen werden, doch es gibt Kritik an dem Gremium
(Ausschnitt aus dem betreffenden Artikel
im General-Anzeiger vom 7.7.2015)

Wohl eher unglücklich transportiert worden ist die Haltung des Gremiums beim Nordfeld. Beteiligte erklärten, der Beirat habe alle fünf Entwürfe abgelehnt, sei dann aber von den Vertretern der Stadtverwaltung zu einer Entscheidung gedrängt worden: Urban Soul sei als das geringste Übel bezeichnet worden, heißt es.

„Ich wüsste nicht, warum wir den Gestaltungsbeirat überhaupt noch beteiligen sollten. Der spricht ohne Kenntnis der Örtlichkeiten Empfehlungen aus, die jeder Laie auch aussprechen könnte", sagte der planungspolitische Sprecher des Bürger Bundes, Marcel Schmitt, im Bau- und Vergabeausschuss. Der sollte die Regeln für die Beteiligung des Gremiums erweitern. Doch nach kurzer Diskussion wurde deutlich, es gibt noch viel Klärungsbedarf. Zum Beispiel, warum das Gremium eben nur hinter verschlossenen Türen tagt, wie Ingo Holdorf (SPD) fragte.

Es habe unter Investoren „Irritationen" beim Verfahren ums Nordfeld gegeben, hieß es aus der Verwaltung, weil das Gremium in dem detaillierten Ausschreibungsverfahren, in dem jeder Schritt genau beschrieben ist, überhaupt nicht aufgeführt sei. Das wolle man für die Zukunft fest regeln.

Für den Umbau fehlt noch Geld

Stadt konkretisiert die Pläne für den
neuen Zentralen Omnibusbahnhof
von Cem Akalin

BONN. Jetzt fehlt nur noch das Geld. Nach dem Durchschlagen des Gordischen Knotens Südüberbauung ist auch der Weg frei für die Umgestaltung des Zentralen Busbahnhofs (ZOB). „Bislang haben wir zweigleisig geplant, weil völlig ungewiss war, ob es überhaupt zum Abriss der Südüberbauung kommt", sagt Bonns Verkehrsplaner Helmut Haux. „Jetzt, da feststeht, dass das Gebäude abgerissen wird, können wir mit unserer dafür vorgesehenen Planungsvariante in die Feinplanung gehen – und haben endlich mehr Platz."

Klar war, der Busbahnhof muss umgestaltet werden. Die Pläne und zukünftigen Verkehrsführungen sind auch schon mit der Politik wie auch mit den Stadtwerken und verschiedenen Verbänden und Vereinen abgesprochen. Kritik gibt es zwar nach wie vor: Vor allem der ADFC hält den geplanten Zweirichtungsradweg vor dem Hauptbahnhof für kritisch. Und der Städtebaubeirat hatte sich ziemlich negativ über die Neuordnung des ZOB geäußert.

„Es wird aber deutliche Verbesserungen bringen", ist Haux überzeugt. Laut Plan wird die Maximilianstraße für den Autoverkehr

> ### *„Jetzt lassen sich die Halteplätze besser ordnen"*
>
> **Helmut Haux**
> Verkehrsplaner der Stadt Bonn

zwischen Kaiserplatz und Wesselstraße gesperrt. Das heißt, der Verkehr aus der Wesselstraße darf nicht mehr nach rechts abbiegen, sondern wird zunächst nach links und dann einmal um den Busbahnhof herumgelenkt.

Ausschnitte eines Artikels aus dem General-Anzeiger vom 14.07. 2016.

Dazugehörige Abbildungen S. 138 und 139

Nicht nur aus der Vogelsperspektive ist erkennbar, dass der ZOB dringend umgebaut werden muss. Die täglichen Nutzer können ein Lied von den viel zu schmalen Halteinseln singen. (Foto: Volker Lannert)

Geplante Verkehrsführung

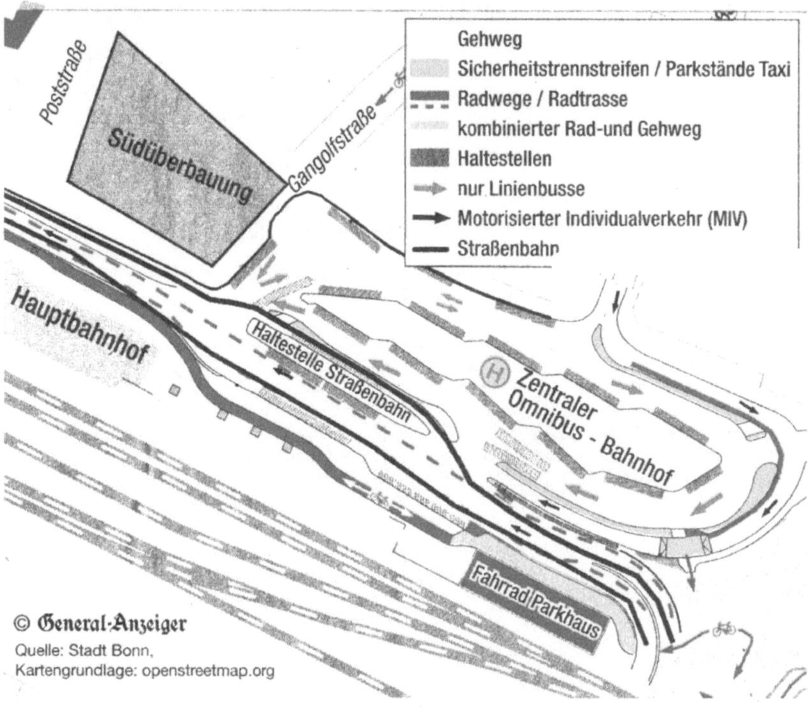

© General-Anzeiger
Quelle: Stadt Bonn,
Kartengrundlage: openstreetmap.org

Rainer Schmidt

Alles Ansichtssache

Ausschnitt aus einem Artikel
im General-Anzeiger vom 12.10.2017

BONN. Plätze sind mehr als unbebaute Stellen in der Stadt. Das beweist die Ausstellung „Plätze in Deutschland 1950 und heute – eine Gegenüberstellung", die im Volksbank-Haus in der Heinemannstraße eröffnet wurde. Die Ausstellung stellt Fotografien deutscher Plätze aus den 1950er Jahren aktuelle Aufnahmen vom selben Standort gegenüber, um auf die Fehlplanungen und Versäumnisse in der Gestaltung des Stadtraums aufmerksam zu machen.

Von den mehr als 30 Städten, in denen fotografiert wurde, ist Bonn gleich mit dem ersten Aufnahmenpaar dabei: Es zeigt den Bonner Bahnhofsvorplatz. Wie er war mit O-Bus, Straßenbahn und schönem Baumbestand und alter Häuserfront, die den zweiten Weltkrieg überlebt hat. Die neue Aufnahme zeigt den Platz, wie er vor dem Abriss der Südüberbauung aussah: kahl und kalt.

Otto und Irene Goseberg

Bahnhofsvorplatz - Das „Bonner Loch"

Eine gute Idee des Architekten für die Gestaltung des Bahnhofsvorplatzes war die Gliederung der offenen Fläche in verschiedene Ebenen. Dadurch entstand ein abwechslungsreiches „Gebilde" mit Treppenanlagen, Pflanzkästen, Zugang zu den U-Bahnen, der Tiefgarage, zu den Passagen und Treppen in Richtung Poststraße und Maximilianstraße und einem Springbrunnen. Es wurden zwei Ulmen und verschiedene kleine Bäume und Sträucher gepflanzt, die alle gut gediehen. (Abb. 1)

Zunächst zog eine Filiale von Café Nicolai in die Räume neben der Treppe zur Maximilianstraße mit einer kleinen Außengastronomie. Leider war auch das nur von kurzer Dauer. Nach und nach nutzten die „Biertrinker" die Stühle. Folge: das Café mußte schließen. Die Kinder dagegen hatten im Sommer ihren Spaß mit den kleinen Rinnsalen des Brunnens und das Publikum nahm die Treppenanlage als Aufenthaltsort reichlich in Anspruch, ohne etwas verzehren zu müssen. Geranien wurden gepflanzt und die vorhandenen bepflanzten Flächen gepflegt. Als von den nördlichen Begrenzungsgerüsten ein Junge herunterfiel, wurden kurzerhand nach Bonner Manier die Gerüste sowie die sich darauf befindlichen gelben Pyramiden abmontiert. Nach und nach wurden die Stellflächen rechts des U-Bahneingangs von den Blumenkästen befreit, so daß nur noch graue Betonflächen übrig blieben. Dann begann die Zeit, als immer mehr Personen der sog. Randgruppen auf den Treppen Platz nahmen und die Holzbeläge auf den Treppen nach und nach zerstört wurden . Was macht die Stadt? Reparieren? Nein: natürlich abmontieren. Wieder werden häßliche Betonflächen sichtbar. Damit dort niemand mehr sitzen kann, werden Pflanzkästen mit

Grünpflanzen aufgestellt. Was passiert mit den bepflanzten Bereichen rund um das nun sog. Bonner Loch: es werden Drogen versteckt, Flaschen, Kapseln und allerlei Unrat. Irgendwann ging der Brunnen kaputt. Reparieren? Nein: abschalten und nicht wieder in Betrieb nehmen. Die Grünanlagen wurden immer weniger gepflegt, das Gras und eventuelle Blumen, die ein Wachstum bis zur Blüte geschafft hatten, wurden bis auf das blanke Erdreich weggetrimmt. Schreiben an das Grünflächenamt diesbezüglich blieben alle unbeantwortet. (Abb. 2)

Auf den Rasenflächen zwischen Parkplatz und Bonner Loch wuchs nur noch Getreide. (Abb. 3)

Zwischenzeitlich wurde auch ein Marktstand etabliert. Aber auch dieser konnte sich nicht lange halten. Dann kam eine kurze Zeit der positiven Entwicklung. Es wurden zwei rostige Kästen von einem Klangkünstler aufgestellt, von denen eigentümliche Klänge ausgingen. Seitdem wurde der Bereich „Klanggrund" genannt. In diese Zeit fielen jedoch auch einige andere positive Ereignisse: Während der Beethovenfestspieltage traten junge Musiker auf, es spielten verschiedene Bands, es kamen verschiedene Chöre, die auftraten und man bekam einen kleinen Eindruck von dem, was sich Herr Prof. Spengelin für das Bonner Loch vorgestellt hatte. Das Bonner Loch füllte sich mit vielen jungen Leuten und Publikum . Aber dann wurde neu geplant. Das Bonner Loch wurde nur noch notdürftigst gepflegt, die Steine brachen aus den Anlagen, die Gräser wuchsen aus den Fugen. Der Verfall wurde durch keine Reparatur aufgehalten. (Abb. 4)

Leider hat die Stadt die Chance nicht genutzt, diese offene Fläche sinnvoll in Eigenregie zu gestalten, beispielsweise mit einem Café vor dem Bahnhof. Die Cafés, die es hier im Umfeld eimal gab, sind mittlerweile alle verschwunden. Der Parkplatz bot die Möglichkeit, kurz zu parken. Die Bäume und die Pflanzen trugen im Sommer zu einem guten Klima bei.

Aber die Stadt zog es vor, das gesamte Areal zu verkaufen und es den Investoren zu überlassen, die bereits in den Startlöchern standen. (Abb. 5)

Abb. 1 (Fotos Privatarchiv Goseberg)

Abb. 2

Abb. 3

Abb. 4

144

Abb. 5

Ilse Maresch

Die Bedeutung des Bonner Hauptbahnhofs für den innerstädtischen Verkehr

Der **Bonner Hauptbahnhof (Hbf)** ist der zentrale Verknüpfungspunkt aller Verkehrsarten des Umweltverbundes (ÖPNV, Rad, Fuß) im Bonner Stadtgebiet. Er ist ideal gelegen direkt vor der Bonner Innenstadt: Wenn man aus dem denkmalgeschützten Bahnhofsgebäude heraustritt, braucht man nur die Straße Am Hauptbahnhof zu überqueren und ist schon in der Fußgängerzone. Es muss also niemand, der die Bonner Innenstadt besuchen möchte, mit dem Auto fahren. Ein Gutachten zum Einzelhandels- und Zentrenkonzept der Bundesstadt Bonn aus dem Jahr 2006 hat nachgewiesen, dass tatsächlich nur 28% der Besucher/innen der Bonner Innenstadt mit dem PKW kommen, alle anderen (72%!) kommen mit Bahn und Bus, mit dem Fahrrad oder zu Fuß.

Man sollte also meinen, dass es das oberste Ziel innerstädtischer Verkehrsplanung wäre, dem Umweltverbund vor dem Hbf. absoluten Vorrang zu gewähren, den Autoverkehr auf Zubringerdienste (Bahnhofsvorfahrt und Lieferverkehr für den Bahnhofsbetrieb) zu beschränken und den Bahnhofsbereich als „Eingangstor zur Innenstadt" aufzuwerten durch

- einen großzügigen Bahnhofsvorplatz,
- leichte Erreichbarkeit des Hbf. mit Straßenbahnen, Bussen, Taxen, Fahrrädern und zu Fuß,
- eine barrierefreie Bahnhofsvorfahrt,
- breite Bürgersteige,

146

- normgerechte sichere Fahrradwege,
- und reichlich Platz für Fahrradabstellmöglichkeiten.

Aber weit gefehlt! Die Stadt Bonn setzt unbeirrt weiter auf den Autoverkehr, als ob es anderslautende Gutachten, Klimawandel und Umweltschutz nicht gäbe, und sie ist gegenwärtig dabei, die Verkehrsflächen, die notwendig zur Funktionsfähigkeit eines Hauptbahnhofs hinzugehören, mit massiven 5-stöckigen Gebäuden zuzubauen. Das ist umso dramatischer, als bereits die Rückseite des Hbf. an der Quantiusstraße (ehemaliges Bahngelände) vollständig zugebaut wird; hier gibt es also keine Ersatzflächen mehr.

Gegen massive Neubauten vor dem Hbf. haben sich die Bonner Bürger/innen gewehrt: Durch ein **Bürgerbegehren 2004/5** wurden die Baupläne des Investors Brune für eine neue Südüberbauung gestoppt, eine Bürgerwerkstatt wurde einberufen und die Bürger/innen bekamen Gelegenheit, ihre Vorstellungen für die Gestaltung des Bahnhofsbereichs darzustellen. Allen Vorschlägen der beteiligten Bürger/innen gemeinsam waren der Wunsch nach „viel Platz vor dem Bahnhof" durch Abriss bzw. Rückbau der Südüberbauung und größeren Abstand zum Hbf. sowie die Forderung nach einem zukunftsfähigen Verkehrskonzept, das die öffentlichen Flächen festlegt und an das sich die Investoren halten müssen. Der Bürgerwille wurde nicht erfüllt.

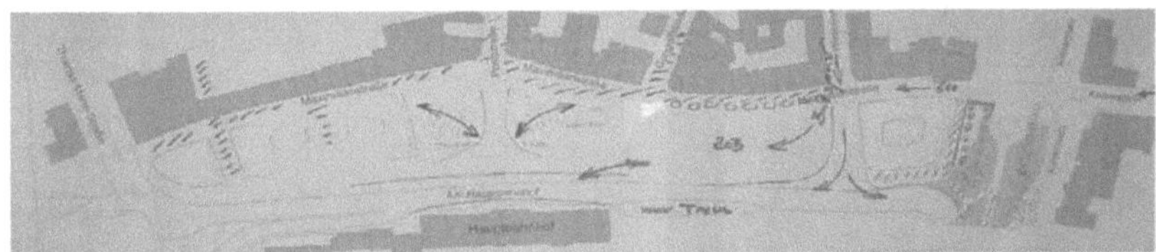

Quelle: Bürgerwerkstatt_Abschlussbericht_DS0610738ED2. Dieser Entwurf der 2. Arbeitsgruppe fand große Zustimmung. Er ist geprägt durch Weite und Großzügigkeit. Die Freitreppenanlage aus der Minus-1-Ebene zur Poststraße nimmt die Freitreppe des historischen Bahnhofsgebäudes wieder auf. Als 2017 die Südüberbauung abgerissen war, um dem Neubau Platz zu machen, und man die Weite vor dem Hbf. erleben konnte, hörte man sogar aus den Reihen der Regierungskoalition: Wie schön wäre es doch, wenn es so bleiben könnte...

Für das **Verkehrsforum Bonner Bürgerinitiativen (VF),** das sich von Anfang an am Bürgerengagement beteiligte, standen und stehen die Belange des Umweltverbundes an oberster Stelle: Das VF fordert absolute Priorität für die Fußgänger/innen auf der Achse Hauptbahnhof-Innenstadt, einen großzügigen, leicht erreichbaren ZOB mit hoher Aufenthaltsqualität und die Reservierung der Fahrbahnen vor dem Hbf. für ÖPNV, Taxen und Radverkehr. Gegenseitige Rücksichtnahme könnte Ampeln vollkommen verzichtbar machen. Vorbild könnte Siegburg sein, wo es gelungen ist, den Bahnhofsvorplatz vollständig vom Autoverkehr zu befreien.

Der Bürgerwerkstatt (2005/6) folgte ein Architektenwettbewerb. Die Jury entschied sich für den Entwurf Schmitz, der bereits große Konzessionen an Investor-Interessen machte, aber in Flächenverbrauch und Höhe noch erträglich schien. Leider wurde dieser prämierte Entwurf bei den Verhandlungen mit den Investoren bis zur Unkenntlichkeit entstellt. Das Ergebnis sind nun zwei gewaltige Baukörper rechts und links der Poststraße – höher und breiter als die ungeliebte Südüberbauung gewesen war, wodurch der „Bahnhofsvorplatz" zu einem „erweiterten Straßenraum" schrumpft, der nicht einmal in voller Breite den Fußgänger/innen zur Verfügung steht, sondern durch zwei Treppen zur U-Bahn mitten im Straßenraum zweigeteilt wird.

Eigenes Foto. Die weiße Fläche markiert den Flächenerbrauch der neuen Treppen, die anstelle der breiten Treppenanlage im Bonner Loch (links im Bild, auf dem Foto nicht mehr zu sehen) mitten in die Poststraße gelegt werden. Der Neubau links der Poststraße (die neue Nordüberbauung) endet künftig an den Lichtpavillons links im Bild, die früher die Minus-1-Ebene mit Tageslicht versorgen sollten.

Für Fahrradabstellmöglichkeiten ist künftig in der Poststraße kein Platz mehr (früher wurden hier bis zu 200 Fahrräder pro Tag abgestellt). Die gegenläufigen Fußgängerströme (100.000-300.000 Menschen pro Tag) lassen den eingeengten Straßenraum zu einem Hindernis-Parcours mutieren.

Ergebnis: Drangvolle Enge – statt Großzügigkeit! Kein Empfangscharakter, sondern ein unübersichtliches Gewimmel von hastenden Menschen, das man möglichst meidet.

Die **Straße Am Hauptbahnhof** ist gegenüber der Allee, die es hier ursprünglich gegeben hat, erheblich viel schmaler geworden.

Ein historisches Foto zeigt, wie breit die Straße ursprünglich gewesen ist: An beiden Seiten der Straße gab es angenehme Bürgersteige – eine davon als Allee gestaltet –, dazwischen befanden sich fünf Fahrbahnen und 2 Bahnsteige für die Straßenbahn. Eigentlich handelte es sich nicht um eine Straße, sondern um einen langgestreckten Bahnhofsvorplatz.

Quelle: Archiv der Stadt Bonn, veröffentlicht durch den Investor: https://urbansoul.info/zeit/. Die roten Eintragungen verdeutlichen, dass es auf der Straße Am Hbf. früher außer zwei breiten Bürgersteigen (einer als Allee gestaltet!) 5 Fahrspuren + 2 Bahnsteige gegeben hat.

Nach dem U-Bahnbau hätte man sich entscheiden können, den Platzcharakter des Bereiches vor dem Hbf. beizubehalten und zu einem großzügigen **Bahnhofsvorplatz** auszubauen, wie man ihn aus anderen großen Städten kennt. Der Bedarf war gegeben, denn die verkehrlichen Anforderungen an den Bonner Hbf. waren gewachsen: Durch Eingemeindungen wurde die Stadt Bonn flächenmäßig zur Hauptstadt weiterentwickelt, der Verkehr nahm deutlich zu und der Hbf. hatte für die Gäste der Bundeshauptstadt Bonn internationales Gewicht bekommen. Man hätte also gut daran getan, den wachsenden Verkehrsbedürfnissen Rechnung zu tragen und einen attraktiven Platz vor dem Hbf. zu gestalten – als einladendes

150

„Eingangstor" zur Innenstadt. Aber diese Chance wurde vertan. Man entschied sich für eine Neubebauung gegenüber dem Hbf. Diese sollte erst einmal als Entschädigung der Eigentümer dienen, deren Häuser für den U-Bahn-Bau abgerissen worden waren.

Nun konnte jedoch die alte Straßenflucht nicht wiederhergestellt werden, weil aus statischen Gründen ein Neubau auf den U-Bahnwänden aufgebaut werden musste. Die **U-Bahntrasse** verläuft jedoch nicht parallel zu den Bahngleisen, wie die Straße früher verlaufen war, sondern im spitzen Winkel auf die Bahngleise zu. Dadurch verschmälert sich der Abstand zwischen U-Bahn-Trasse und Bahngleisen kontinuierlich nach Norden hin. Das kann man leicht nachprüfen, wenn man vom Haltepunkt Bonn West zum Hbf. zurückschaut: An der Haltestelle Bonn West liegt die U-Bahn direkt neben den Bahngleisen, vor dem Hbf. aber liegt sie unter dem Bürgersteig vor der Südüberbauung – d.h. die U-Bahn hat bis dahin die gesamte Straßenbreite unterquert. Die Auseinandersetzungen über die Breite der Straße Am Hbf. haben darin ihren Grund, dass die Zahlen davon abhängen, wo man misst.

Der erste Neubau, der auf der U-Bahn-Wand hochgezogen wurde, war die **Südüberbauung (SÜ),** die durch ein paralleles Gebäude auf der anderen Seite der Poststraße, die sog. Nordüberbauung (NÜ) ergänzt werden sollte, die aber zunächst durch Bürgerprotest verhindert werden konnte. Die SÜ rückt durch den U-Bahn-Verlauf insgesamt näher an den Hbf. heran: War die Straße ursprünglich 29m breit gewesen, so sind es jetzt an der Südseite der SÜ nur noch 25m, und nach Norden hin nimmt die Straßenbreite kontinuierlich weiter ab. Spötter nannten die Straße Am Hbf. daher „Spengelins Gässchen" (nach dem Architekten der SÜ). Auf dieser geschrumpften Verkehrsfläche sollte nun immer mehr Verkehr untergebracht werden, was zu erheblichen Konflikten führte und führen wird.

Bisher erinnerten noch wenige **Bäume** im Bereich des ZOB und auf dem unbebauten Nordfeld an den ehemaligen Allee-Charakter der Straße Am Hbf. Das ist alles Vergangenheit. Wie viele von den wenigen neugeplanten Bäumen wirklich gepflanzt werden, steht noch dahin. Denn durch die U-Bahn-Decke unter dem Bürgersteig ist wenig Platz für Wurzeln. Heute präsentiert sich der gesamte Bereich (eine ehemalige Allee, die den Hbf. mit der Allee von der Universität zum Poppelsdorfer Schloss verbunden hat), als weitgehend baumfreie Zone. Dazu kommt, dass durch die Hochbauten die Frischluftschneise von Norden her unterbrochen wird. Beides bleibt nicht ohne Folgen für das Klima in der Innenstadt.

Die massive Bebauung vor dem Hbf. bringt erhebliche Verschlechterungen der Verkehrsbeziehungen zwischen Hbf. und Innenstadt mit sich: Die **Poststraße** wird wesentlich enger als bisher, ohne jede Aufenthaltsqualität; die Fahrradabstellmöglichkeiten schrumpfen in Richtung Null; die Maximilianstraße wird zu einer engen Häuserschlucht – ohne Bäume (obgleich in der Präsentation vor Baubeginn die Bäume noch eingezeichnet waren); die Treppe zur U-Bahn wird steiler und schmaler als die drei großen ehemaligen Treppenanlagen im Bonner Loch; die Rolltreppe führt in die falsche Richtung (zum Hbf. zurück, statt in die Innenstadt), der Aufzug wird an die Maximilianstraße verlagert – mobilitätseingeschränkte Menschen haben also längere Wege zurückzulegen, und der Lieferverkehr für den Einzelhandel bekommt noch mehr Schwierigkeiten als bisher. Nur die SÜ ist davon nicht betroffen: Die Anlieferung mit schweren LKW erfolgt künftig rückwärts über den ZOB! Die Einwände des VF gegen diese Entscheidung waren leider erfolglos.

Dramatische Veränderungen zeichnen sich im **unterirdischen Bereich unter dem Hbf.** ab – in der sog. Minus-1-Ebene, wo sich die Zugänge zur U-Bahn und zu den Bahnsteigen der Deutschen Bahn (DB) befinden. Es gibt zwei Unterführungen unter dem Hbf.: Sie dienen nicht nur den Fahrgästen als Zugang zur U-Bahn, zu den DB-Bahnsteigen und zum ZOB, sondern zugleich den Bürger/innen als innerstädtische Querung der Bahnstrecke von der Weststadt zur Innenstadt. Dadurch erhöht sich der Fußverkehr im unterirdischen Bereich erheblich.

Aber auf dieses sehr hohe Fußgänger- und Fahrgastaufkommen im unterirdischen Bereich wurde bei der Planung keinerlei Rücksicht genommen, sondern auf Wunsch der beiden Investoren der SÜ und NÜ wird der ehemals großzügige unterirdische Verkehrsraum drastisch reduziert, um Platz für Geschäfte zu schaffen. Dies zeigt ein Vergleich der bisherigen mit den künftigen öffentlichen Flächen auf der Grundlage der Planungen von 2016:

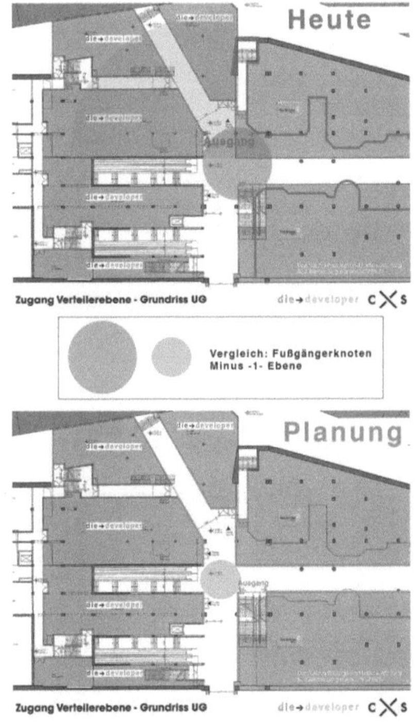

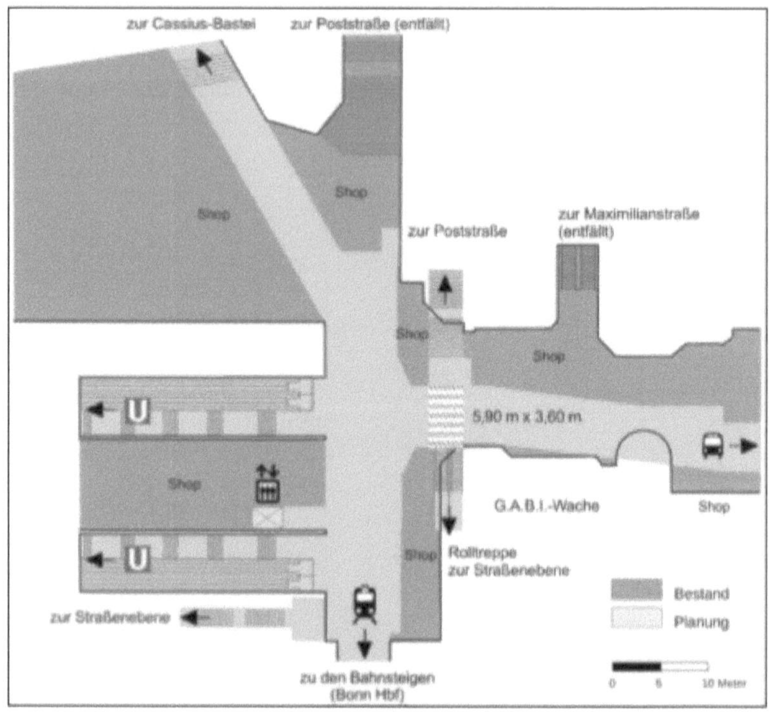

Quelle: Nachrichtenblatt Nr. 130, 3/2018, S6: Aufgrund eines Einspruchs des VF wurde die Planung geändert: Die Treppe aus der Minus-1-Ebene in die Poststraße wurde geteilt, sodass nur noch die Rolltreppe zurück zum Hbf. an der bisherigen Stelle bleibt, während die Stufentreppe in Richtung Innenstadt gegenüber der Rolltreppe beginnt. An der Enge des unterirdischen öffentlichen Raums hat sich dadurch nichts geändert.

Diese Geschäfte sollen durch Beleuchtung und lange Betriebszeiten dafür sorgen, dass hier kein Angstraum entsteht. Aber Geschäfte gab es bisher auch, die haben keineswegs zur Attraktivitätssteigerung oder Sicherheit des Areals beigetragen. Dafür hatte GABI gesorgt; diese segensreiche Einrichtung wurde jedoch auf Investorenwunsch ausgelagert. Da der ganze Bereich sehr viel enger wird als heute und kein Tageslicht mehr hineinscheint, weil das Bonner Loch komplett zugebaut wird, ist zu erwarten, dass es künftig für viele Fahrgäste Probleme mit sich bringt, die U-Bahn zu benutzen. Im Gefahrenfall (Bombendrohung) werden die Durchgänge unter den Gleisen der DB durch Gitter versperrt, so dass die Fluchtwege unter dem Hbf. entfallen. Man kann dann nur noch über die Treppen zur Poststraße und über die Rampe zum ZOB, die hoffentlich erhalten bleibt, an die Oberfläche gelangen.Für die Fahrgäste der DB (nicht für die Benutzer/innen der U-Bahn!) bleibt eine Alternative: Sie können aus der DB-Unterführung sowohl zur Quantiusstraße als auch über Gleis 1 links am Bahnhofsgebäude vorbei zur Straße Am Hbf. entweichen.

Dadurch, dass die Straße Am Hbf. nach Norden hin immer enger wird, ergeben sich erhebliche Auswirkungen auf den **Kreuzungsbereich Thomas-Mann-Straße** / Rabinstraße / Straße Am Hbf.. Hier wird künftig sehr viel mehr Fußverkehr erwartet als heute: Es soll ein Zugang zu Gleis 1 geschaffen werden, um die Fahrgäste von der DB zur Haltestelle Thomas-Mann-Straße zu leiten – auch, um den Bereich vor dem Hbf. zu entlasten. Wenn man aber mehr Menschen erwartet, braucht man mehr Platz. Diesen Platz hätte man haben können, wenn sich der Investor an die in der Ausschreibung vorgegebenen Baugrenzen hätte halten müssen. Stattdessen wurde ihm nicht nur gestattet, sein Gebäude bis zu 4m in die Poststraße hinein auszudehnen, sondern auch den Fluchtlinienplan zwischen Florentinusgraben und Thomas-Mann-Straße zu überschreiten und damit den verbleibenden Verkehrsraum bis auf minimale Restflächen einzuschränken. Leidtragende sind die Fußgänger/innen und Radfahrer/innen. Hier rächt es sich, dass die Stadt auf ein eigenes Verkehrskonzept verzichtet hat und es den Investoren überlässt, wie viel öffentliche Verkehrsfläche diese den Bürger/innen unserer Stadt zugestehen wollen.

Quelle: Übersichtsplan zur Aufhebung des Fluchtlinienplanes Nr. B 284 _ DS 1713579ED2. Durch die Überschreitung des ursprünglichen Fluchtlinienplanes (violettes, nach links schmaler werdendes Trapez) durch den Grundriss des neuen Hotels (schwarzer Umriss) wird dem Verkehr eine große Fläche weggenommen.

Im Süden des Bahnhofsbereiches droht ein weiteres Desaster: Der Zentrale Omnibusbahnhof **(ZOB)** soll barrierefrei und fahrgastfreundlich umgestaltet werden. Das wäre eine begrüßenswerte Aussicht, wenn nicht gleichzeitig nach einer Fläche für ein Fahrradparkhaus gesucht würde, das für die vielen Fahrräder, die aus der Poststraße und vor Gleis 1 verdrängt worden sind, Abstellplätze bieten soll, und auch für neue Radfahrende, die man als „Fahrradhauptstadt Bonn" anwerben möchte. Für beide Einrichtungen (ZOB + Fahrradparkhaus) ist aber auf dem Gelände des ZOB zu wenig Platz, zumal die gesamte Busflotte auf Gelenkbusse umgestellt wird, die doppelt so viel Platz brauchen wie normale Busse. Hier rächt es sich erneut, dass man die vorhandenen Verkehrsflächen zugebaut hat und dass

156

die Investoren nicht verpflichtet worden sind, Fahrradunterkünfte in ihren Gebäuden vorzuhalten. Es ist zu befürchten, dass ein Verteilungskampf zwischen den Verkehrsträgern des Umweltverbundes um die viel zu kleinen Restflächen entstehen wird, bei dem letztlich alle verlieren.

Bonn hatte die große Chance, im Konsens und in Zusammenarbeit mit den Bürger/innen der Stadt, unter denen sich viele Fachleute befinden, einen großzügigen Bahnhofsvorplatz zu schaffen, der allen Anforderungen genügt, die zum Funktionieren eines Hbf. gehören – einen schön gestalteten Platz mit einladendem Charakter, einen Ort zum Verweilen, der zugleich dem Umweltverbund genügend Raum geboten hätte, um schnell und ungefährdet die Ziele innerhalb und außerhalb der Stadt zu erreichen. Diese Chance wurde leider vertan.

Die Stadt hat die Bedeutung des Hbf. für die Lebensqualität in der Innenstadt nicht erkannt, sie hat die Vorteile der fußläufigen Erreichbarkeit der Innenstadt durch den Öffentlichen Verkehr nicht genutzt, sie nimmt zunehmenden Autoverkehr mit Verschmutzung der Atemluft, Lärm, Flächenverbrauch und Gefährdung der schwächsten Verkehrsmitglieder billigend in Kauf, nur damit PKW ungehindert am Hbf. <u>vorbei</u> fahren können – zu Zielen irgendwo anders, die man auf anderen Wegen viel leichter erreichen könnte. Der Masterplan Innere Stadt hat die Kappung des Cityrings vor dem Hbf. empfohlen, ein von der Stadt beauftragtes Verkehrsgutachten hat die Notwendigkeit einer drastischen Reduzierung des Autoverkehrs vor dem Hbf. nachgewiesen – aber das Geld für die Gutachten hätte man sich sparen können: Ratsmehrheit und Verwaltung erweisen sich als beratungsresistent. Für sie gilt nur das Auto als ernst zu nehmender Verkehrsträger. Alle anderen sollen sich die Flächen teilen, die übrig bleiben. Und das ist vor dem Hbf. nicht viel. Die Umweltverbände treten einmütig für die **Unterbrechung des Cityrings vor dem Hbf.** ein. Sie sehen darin die einzige Chance, um noch etwas zu retten von dem, was als attraktives „Eingangstor zur Innenstadt" gelten könnte.

Busbahnhof im Abseits auf engem Raum

"Stadtbaubeirat übt scharfe Kritik an neuen Plänen zum Busbahnhof"; Graphik
zum Artikel von *Cem Akalin* im General-Anzeiger vom 28.11.2014

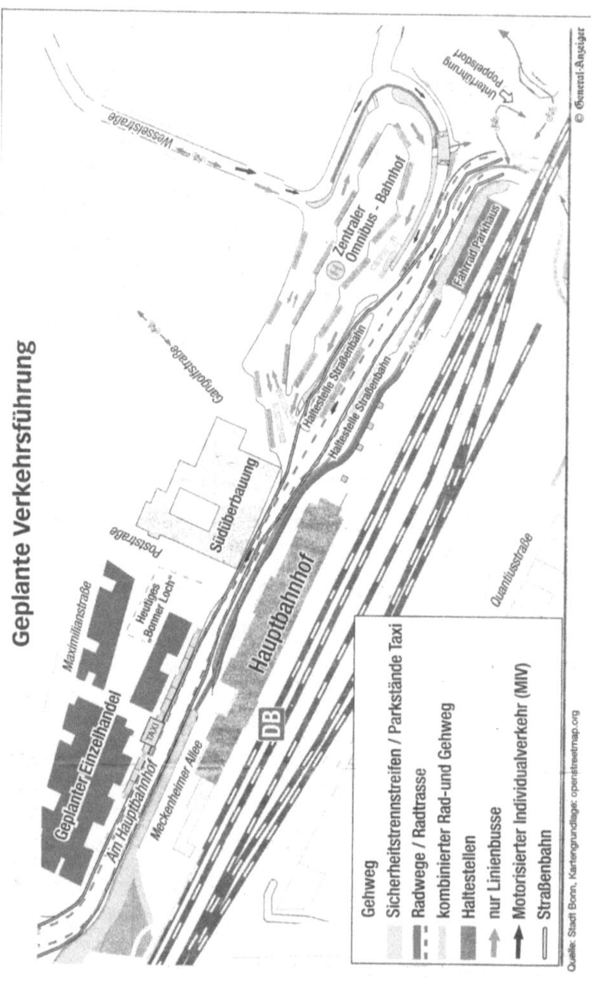

Problemfeld Bahnhofsvorplatz

Pressemitteilung vom 5.04.2016

Die Bürgerwerkstatt 2006 hat klare Zielsetzungen für die Gestaltung
benannt, vor allem:
1. Verkehrskonzept für alle
2. Empfangscharakter der Architektur
3. Rückbau/Abbau der Südüberbauung
4. Raum vor dem Bahnhof
5. Planungskonzept bei der Stadt.

Heute müssen wir feststellen, dass mit dem Investor Urban Soul diese
Zielsetzungen total missachtet werden. Die viel beschworene
„Bürgerbeteiligung" wird damit ad absurdum geführt.

Der immer wieder gewünschte Platz ist bei den vorliegenden Planungen
nicht mehr zu erkennen. Es bleibt nur eine Verlängerung der Poststrasse
übrig.

Der Rat, der einseitig den Wünschen eines Investors folgt, beschädigt den
Charakter unserer Stadt. So hat die damalige Herold-Versicherung, heute
Zurich, in den siebziger Jahren mit ihrem Gebäudekomplex an der
Poppelsdorfer Allee das historische Stadtbild Bonns wesentlich
beeinträchtigt. Jetzt hat sich der Investor entschieden nach Köln zu gehen.
Die Stadt muss die Folgen tragen.

Wir hoffen, dass Planungsausschuss und Rat der Stadt Bonn ihrer
Verantwortung für unsere Stadt gerecht werden und den völlig
unzulänglichen Planungen Einhalt gebieten.

Bonn, den 5.4.2016
Für den Verein „Pro Bahnhofsvorplatz Bonn e.V."

(Prof.Dr.Dr.H.Schott)   (Prof.Dr.G.Bergerhoff)

Sigrid Peyerimhoff

Bahnhofsvorplatz als Einladung in die Stadt?

Als Forscher an der Universität Bonn - einer international stark vernetzten Universität – haben wir zahlreiche Gäste und Besucher aus allen Teilen der Welt. Darunter sind junge Postdocs, am Beginn einer wissenschaftlichen Karriere, und etablierte, international renommierte Kollegen, die viele Städte in anderen Ländern kennen.

Ihren ersten Eindruck der Stadt Bonn erhalten diese Gäste am Bahnhof – entweder nach einer Reise mit der Bahn, meist vom Frankfurter Flughafen aus – oder mit dem Bus vom Flughafen Köln/Bonn. Ich habe von ihnen selten eine positive Einschätzung oder gar Begeisterung für den Ort ihrer Ankunft erlebt.

Vor dem Bahnhof stand man bis vor einigen Jahren vor der Südüberbauung – einem massiven „Klotz", der keinen freien Blick auf die Stadt erlaubte. Verstärkt wurde dieser erste negative Eindruck häufig noch durch Belästigungen von Alkohol- und Drogen-Abhängigen im Bonner Loch.

Begeisterung hingegen löst bei unseren Gästen die Poppelsdorfer Allee mit dem Poppelsdorfer Schloß als Universitätsgelände aus. Auch der Hofgarten mit dem Hauptgebäude der Universität wird als besondere Attraktivität innerhalb der Stadt gesehen. "Warum gibt es vor dem architektonisch höchst bemerkenswerten Bonner Bahnhof denn nicht einen großen freien Platz als Eingangstor zur City mit einem Café, in dem man verweilen kann?" ist eine häufige Frage. Warum nicht noch den Kaiserplatz in der einen oder anderen Weise mit einbeziehen, sodass die wunderschöne Sichtachse vom Hauptgebäude bis zum Poppelsdorfer Schloß richtig zur Geltung kommt? Oder gar noch bis zum Alten Zoll mit Sicht auf den Rhein.

Natürlich muss bei solcher Gestaltung das städtische Verkehrskonzept mit angepasst werden.

Viele Bürger unserer Stadt sehen die Situation ganz ähnlich. Über Jahrzehnte gab es Bürgerbeteiligung zur Gestaltung des Bahnhofsvorplatzes in Form von Bürgerwerkstatt und Bürgerbegehren. Beim letzteren (2012) war auch ich aktiv dabei und habe Unterschriften gesammelt. Viele Kollegen, Nachbarn, Bekannte unterstützen die Idee eines freien Raumes vor dem Bahnhof aber waren skeptisch, ob die Stadt den Mut zu einer großzügigen Lösung jenseits vom Klein-Klein einer von kurzfristigen wirtschaftlichen Vorteilen bestimmten Planung aufbringen würde. Leider wurde die benötigte Unterschriftenzahl zum Start einer Diskussion, die alle städtebaulichen Chancen ins Auge fasst, knapp verfehlt.

Heute, im Jahre 2019, sieht man als Resultat einer langjährigen Bürgerinitiative keinen einladenden Bahnhofsvorplatz – aber zwei massive Blöcke in Form vom Maximilian Center und Urban Soul. Ausländische Gäste und Besucher werden weiterhin einen schöneren städtebaulichen Empfang erwarten und werden sich jedoch über die vor Generationen geschaffene Verbindungsachse zwischen Universitätsgebäude und Poppelsdorfer Schloß freuen.

Bürger kritisieren zugebauten Bahnhofsvorplatz

Bei der Versammlung im Stadthaus informierte die Verwaltung über Südüberbauung und das Nordfeld

VON NICOLAS OTTERSBACH

BONN. Dass es sich bei der Versammlung zum Bahnhofsvorplatz nur um eine Bürgerinformation und nicht eine Diskussion handelte, machte die Stadtverwaltung direkt zu Beginn der Veranstaltung klar. „An den Stockwerken und den Grundrissen von Nordfeld und Südüberbauung ist nichts mehr zu ändern. Auch die Zwischenräume sind größtenteils geplant", sagte der Moderator. Aus der Bürgerschaft – etwa 40 Bonner hatten am Dienstagabend im Ratssaal des Stadthauses Platz genommen – wurde das umgehend quittiert. „Warum sind wir dann überhaupt hier?" Die Antwort: „Um sich zu informieren, mehr nicht."

Und so stellten nach und nach die Stadt, Architekten und Investoren die Bauprojekte vor, die in den kommenden Jahren das Bild vor dem Hauptbahnhof stark verändern werden. Darunter das Maximiliancenter, das Projekt Urban Soul mit seinen zwei Gebäuden auf dem Nordfeld, die Umgestaltung der U-Bahn-Zugänge und das Bürogebäude samt Parkhaus an der Thomastraße. „Das ist das Eingangstor Bonns, wenn man mit der Bahn anreist, und man wird prompt von den Bauten erschlagen", kritisierte ein Mann. „Von einem Bahnhofsvorplatz kann keine Rede sein, das haben anderen Städte viel besser gelöst." Zum diskutieren war aber bekanntlich kein Platz. „Damit die Verkehrsführung funktioniert, müssen wir den Verkehr reduzieren", sagte Helmut Haux von der Stadt Bonn. Das war das einzige Mal, das es ein einstimmiges Kopfnicken von den Bürgern gab.

Zum Schluss wurde es dann doch noch konstruktiv. In drei kleinen Gruppen konnten sich die Bonner versammeln, um mit den Planern über die einzelnen Abschnitte zu sprechen. So wurde unter anderem vorgeschlagen, die Grünanlagen nicht nur mit Bäumen zu bepflanzen. Es könne beispielsweise Gemüse angebaut werden, dass die Bürger ernten. Die Zugänge zur U-Bahn, deren Seiten mit Glas beschichtet sind, könnten von Bonner Künstlern verschönert werden. In Sachen Verkehr wurde angeregt, die Maximilianstraße fahrradfrei zu halten und die Treppe an der Poststraße breiter zu gestalten. Ein ansässiger Gastronom fragte, ob er seine Sitzgelegenheiten weiterhin auf die Maximilianstraße stellen könne. „Diesen Bestand haben wir berücksichtigt, das wird möglich sein", antwortete eine Planerin. Begrüßt wurde, wenig Laternenmaste aufzustellen, damit dort nicht mehr die Fahrräder angeschlossen werden.

Günter Bergerhoff

"Der Rat trägt die Verantwortung,
aber die Bürger müssen die Folgen tragen"

Rundmail an die Ratsfraktionen vom 30.6.2016

Günther Bergerhoff <   @uni-bonn.de>
Betreff: Ratssitzung 30.6.16
Datum: Sat, 25 Jun 2016 17:14:24 +0200
An: BBB <info@bbb-im-rat.de>, CDU <cdu.ratsfraktion@bonn.de>, FDP
<fdp.ratsfraktion@bonn.de>, Gruene <info@gruene-bonn.de>, Linke <linksfraktion@bonn.de>,
Rosendahl - AFB <mail@hans-friedrich-rosendahl.de>

Sehr geehrte Stadtverordnete,

Wenn der Rat der Vorlage 1611893 am 30.6. zustimmt, wird ein Schlussstrich unter die
Diskussionen über die Gestaltung des Bahnhofvorplatzes gezogen. Wir werden mit dem Ergebnis
leben müssen. Der Rat trägt die Verantwortung, aber die Bürger müssen die Folgen tragen. Ob
dieser Rat wieder gewählt wird, werden wir sehen.

Was nicht enden darf, ist die Diskussion über die Rolle der Bürgerbeteiligung. Die Bürgerwerkstatt
zum Viktoriakarre wird der nächste Prüfstein für die Stadt sein. Beim Bahnhofsvorplatz hat die
Stadt die Prüfung nicht bestanden. Blicken Sie mit der Anlage auf den Bahnhofsvorplatz der
Landeshauptstadt Schwerin. Die UNO- und Bundesstadt Bonn wird so etwas nicht zeigen können.

Bei einem Rat, der nur 0,027 % (86 Ratsmitglieder / 320.000 Einwohner) der Bevölkerung
darstellt, kann der Rat nicht alle Interessen vertreten. Aber die gefestigte Parteienstruktur des Rates
und seiner Ausschüsse verhindert eine sinnvolle Diskussion. Parteiprogramme können hier kaum
Bedeutung haben. Partikularinteressen dringen in den Vordergrund und bestimmen mit der
Verwaltung die Richtung. Nur die Bürgerbeteiligung kann bei einem wichtigen Projekt die
Interessen der Bevölkerung einbringen. Das Ergebnis der Diskussion kann durch einen
Ratsbürgerentscheid bestätigt werden.

Günter Bergerhoff, Bonn - Verein Pro Bahnhofsvorplatz Bonn e.V.

Prof.Dr.Dr.Heinz Schott - Prof.Dr.Günter Bergerhoff

53127 Bonn

1.12.201

An den
Oberbürgermeister der Stadt Bonn
Herrn Sridharan
Altes Rathaus, Markt
53111 Bonn

Betr. Treppe bei den Neubauten von ten Brinke und Developer vor dem Bahnhof

Sehr geehrter Herr Oberbürgermeister,

die Jamaika-Koalition im Bonner Stadtrat will offensichtlich die jahrzehntelange, missliche Situation vor dem Hauptbahnhof unbedingt beenden.

Über Architektur lässt sich streiten und Denkmalschutz kann man interpretieren. Aber eine Treppenanlage, die von der -1 Ebene des Bahnhofs zur Poststrasse führt und dabei die Menschen zwingt, gegen ihre Laufrichtung anzusteigen, ist nicht nur suboptimal (Beißel), sie ist katastrophal.

Wenn bei einer sinnvollen Treppenanlage Möglichkeiten des Investors verloren gehen, muss die Stadt das von ihm verlangen.

Aber die Menschen zu einem Umweg zu zwingen und damit auch die Zeit zu einer eventuell notwendig werdenden Entfluchtung zu verlängern, ist nicht zu vertreten.

Wir hoffen, Sie werden verhindern, dass die Stadt Bonn zum Gespött in der Bundsrepublik wird.

Mit freundlichem Gruss

(Prof.Dr.Dr.Schott)   (Prof.Dr.G.Bergerhoff)

Schreiben an die Stadtratsmitglieder (2016)(Auszug)

Sehr geehrte Stadtratsmitglieder,

seit über einem Jahrzehnt diskutiert die Stadtverwaltung, wie der Bonner Bahnhofsvorplatz für Einheimische und Besucher_innen attraktiver gestaltet werden kann – es ist mehr als verständlich, dass alle Beteiligten diesen Zankapfel endlich vom Tisch haben möchten. Mit großem Bedauern haben wir erfahren, dass nun ein Nutzungskonzept vorliegt, das in keiner Weise einer nachhaltigen, fairen und zukunftsorientierten Stadtplanung entspricht.

In den letzten Tagen haben uns Mails von zahlreichen Bonnerinnen und Bonnern erreicht, die ebenso enttäuscht über die Pläne sind. Das hat uns dazu veranlasst, diesen offenen Brief zu verfassen – in der Hoffnung, dass Sie Ihre Entscheidung zugunsten einer nachhaltigen und bürgerfreundlichen Stadtplanung überdenken.

Es ist bedauerlich, dass

- das städtische „Eingangstor" zukünftig von einem Einzelhändler dominiert wird, dessen Verkaufskonzept auf Wegwerfmode basiert: Shirts und Hosen für ein paar Euro, die oftmals direkt in den Mülleimer wandern. **Mit nachhaltigem Konsum hat das nichts zu tun!**
- eine negative Veränderung der Einkaufszone in Kauf genommen wird: In der Stadt Essen stieg nach der Eröffnung einer Primark-Filiale 2011 das Müllaufkommen in der Innenstadt, sodass die Stadtreinigung mehrmals täglich anrücken musste. Aus anderen Städten ist außerdem bekannt, dass große Kaufhäuser, das Stadtbild negativ verändern und andere Einzelhändler verdrängen. **Das führt zu Mehrkosten und dem Verlust der Vielfalt!**
- Bonn als Fair Trade Town an einem solch prominenten Ort einen Konsumtempel akzeptiert – und damit miserable Produktionsbedingungen in den Herstellungsländern faktisch hinnimmt. **Den Preis für billige „Fast Fashion" zahlen Arbeiterinnen und Arbeiter in Asien und Osteuropa!**
- das Konzept ohne Grünflächen und ein durchdachtes Verkehrskonzept auszukommen scheint. **Nachhaltige Entwicklung beginnt vor Ort!**
- innerstädtische Freiräume zunehmend der Bebauung anheimfallen. **Eine zukunftsorientierte Stadtplanung schafft nichtkommerzielle Aufenthalts- und Begegnungsräume für ihre Bürger_innen!**

Anmerkung der Herausgeber:
Femnet. Feministische Perspektiven auf Politik, Wirtschaft & Gesellschaft, gemeinnütziger Verein mit Sitz in Bonn

Günter Bergerhoff
Entwurf eines Leserbriefs vom 17.06.2016

Entwurf G.Bergerhoff 17.6.16

Leserbrief zum Bericht des GA am 11./12.Juni mit dem Titel: „Durchbruch am Bonner Bahnhof". Wenn der Rat dem am 30.6. zustimmt, wird ein Schlussstrich unter die Diskussionen über die Gestaltung des Bahnhofvorplatzes gezogen. Wir werden mit dem Ergebnis leben müssen. Der Rat trägt die Verantwortung, aber die Bürger müssen die Folgen tragen.

Was aber nicht enden darf, ist die Diskussion über die Rolle der Bürgerbeteiligung. Die Bürgerwerkstatt zum Viktoriakarre wird der nächste Prüfstein für die Stadt sein. Beim Bahnhofsvorplatz hat die Stadt die Prüfung nicht bestanden.

Bei einem Rat, der nur 0,027 % (86 Ratsmitglieder / 320.000 Einwohner) der Bevölkerung darstellt, kann der Rat nicht alle Interessen vertreten.

Die gefestigte Parteienstruktur des Rates und seiner Ausschüsse verhindert eine sinnvolle Diskussion,weil Parteiprogramme hier kaum Bedeutung haben. Partikularinteressen dringen in den Vordergrund und bestimmen mit der Verwaltung die Richtung.
Die Bürgerbeteiligung bringt bei einem wichtigen Projekt die Interessen der Bevölkerung ein. Das Ergebnis der Diskussion sollte durch einen Ratsbürgerentscheid bestätigt werden.

Günter Bergerhoff, Bonn - Verein Pro Bahnhofsvorplatz Bonn e.V.

Bürgernahem Bahnhofsvorplatz droht endgültiges Aus

Zum Kommentar „Überlange Wunschliste" von Cem Akalin vom 30. Juni

In seiner Überschrift „Überlange Wunschliste" bringt Herr Akalin zum Ausdruck, was er von Bürgerbeteiligung bei der Gestaltung eines der wichtigsten architektonischen Räume in unserer Stadt hält. Sie gehört für ihn ins Reich der Märchen und in eine Zeit, „als das Wünschen noch geholfen hat".

Viele Bürger haben Vorschläge eingebracht, in denen der Wunsch zum Ausdruck kam, einen schönen Bahnhofsvorplatz für die Bürger zu gestalten, in denen sie sich ohne Konsumzwang aufhalten können mit Bänken und Springbrunnen, wie es in vielen vergleichbaren deutschen Städten der Fall ist. Der schöne Bonner Bahnhof verdient einen würdigen architektonischen Rahmen und nicht einen grottenhässlichen, völlig überdimensionierten Konsumtempel wie die Südüberbauung, die den Bahnhof zustellt.

Die jahrzehntelange Pattsituation vor dem Bahnhof, in der es nicht möglich war, das städtebaulich peinliche „Ensemble" vor dem Bahnhof aus Südüberbauung und Bonner Loch zu beseitigen, lag nur an den kommerziellen Interessen einzelner Geschäftsleute, die vernünftige, bürgernahe Entwicklungen blockieren konnten.

Nun, da der Investor endlich alle Interessen abgefunden hat und somit handeln kann, droht einem bürgernahen Bahnhofsvorplatz das endgültige Aus. Nun sind mehrere überdimensionierte Klötze im Anmarsch, die wieder nur, wie schon bei der Südüberbauung, die kommerziellen Interessen eines Investors realisieren.

Der demokratische Bürgerwille darf dann noch Einfluss nehmen auf die Gestaltung der Fassade eines der seelenlosen Klötze. Damit ist dem Mitgestaltungswillen der Bürger nach Herrn Akalins Meinung völlig Genüge getan, zumal sich der Nachfolgeklotz vor dem Bahnhof neun Meter von diesem zurückziehen wird.

Auch drängt Herr Akalin auf eine schnellstmögliche Entscheidung der Stadt für diese Investoren-Lösung. Dies würde einen weiteren Sieg des kommerziellen Interesses Einzelner über den demokratischen Bürgerwillen bedeuten.

Herbert von Schewen.

Leserbrief
von Herbert von
Schewen
General-Anzeiger
1.07.2016

Warum eigentlich alles wieder zubauen?

Mit diesem Bild und unter dieser Überschrift erschien der untenstehende Leserbrief im GA am 26./27.08.2017

Da liegt sie nach dem Abriss der letzten Reste endgültig auf dem Boden, die ungeliebte Südüberbauung.

Zum Artikel „Südüberbauung ist Geschichte" vom 19. August

Wenn man heute nach dem Abriss der Südüberbauung und vor der Errichtung der Nordüberbauung auf den Bahnhof zugeht oder von ihm in die Stadt, zeigt sich ein neues Bild: ein großzügiger Platz wie ihn die Bürgerwerksatt 2004 gewünscht hat und wie es dem denkmalgeschützten Bahnhof gut anstünde.

Man sieht die Häuserfront der Maximilianstraße, die sicher bald in neuem Glanz erscheinen könnte. Im Hintergrund lockt die Münsterkirche zum Besuch. Bonn erwartet seine Gäste.

Nein, alles soll zugebaut werden, warum? Was hat den Rat der Stadt und seine Verwaltung bewogen, eine solch dichte Bebauung für die einzig richtige zu erachten? Städtebauer haben ganz andere Vorstellungen. Man lese nur die Website www.planen-neu-denken.de und die dort diskutierten Lösungen, an denen die Bürger beteiligt werden. Man spricht nicht über finanzielle Hintergründe. Die gewaltigen Schuldenberge der Stadt (zum Beispiel durch das tollkühne Projekt des WCCB) sollen aber gemindert werden.

Erfüllt man deshalb die Wünsche finanzkräftiger Bauherren und will zum Beispiel die Besucher des viel benutzten Untergeschosses des Bahnhofs mit Umwegen zwingen, die entstehenden Geschäfte in den Neubauten zu besuchen, auch wenn die Bedürfnisse der Bonner und der Besucher in den bestehenden Geschäften voll erfüllt werden können? Wem dient es, wenn Tausende Kongressbesucher die Stadt bevölkern, den Verkehr verstärken und ihren Bewohnern die Luft verpesten (auch wenn nicht alle mit Dieselfahrzeugen anreisen). Am 19. August schrieb Dr. Dorothea Koch-Peters in ihrem Leserbrief ganz richtig „Es ist dem Namen nach eine Demokratie, in Wirklichkeit aber die Herrschaft (…)" – von Wirtschaftslobbyisten".

Dr. Günter Bergerhoff,
Bonn

168

Wider den guten Geschmack

Zwei weitere Leser äußern sich zur viel diskutierten Gestaltung des Nordfelds am Bonner Hauptbahnhof.

Da wird viel geredet und politisiert über das Thema Risikominimierung durch private Vorsorge, und da kommt ausgerechnet ein privater Investor daher und will die Stadt für angeblich in der Planungsphase nicht abzusehende Risiken haftbar machen. Weil der Herr Developer die Bunkertore nicht gesehen hat und ähnliche Scherze. Dabei hat er sich wohl nur den Architekten sparen wollen, der laut Samstagausgabe des GA „der Hüter der Kosten" gewesen wäre. Wenn er doch einen Architekten gehabt haben sollte, dann möge sich der Herr Developer von dem die Mehrkosten ersetzen lassen. Ich als Bürger weiß jetzt schon, was ich mit den städtischen Seele-Klötzen und deren Inhalt tun werde: Links (und rechts) liegen lassen.

Wolfgang Luckner, Bonn

Ich schlage vor, den Architekten, Investoren und städtischen Verantwortungsträgern der Urban Soul den Preis „Wider den guten Geschmack" zu verleihen. Den Preis gibt es nicht? Dann wird es höchste Zeit dafür. Hier noch ein Tipp für Architekten und Investoren: Sehen sie sich den fertigen Entwurf Ihrer Planungen an und fragen Sie sich, ob das Objekt in 250 Jahren zum Weltkulturerbe ernannt werden könnte. Bei geringstem Zweifel ändern!

Manfred Brodt, Sankt Augustin

General-Anzeiger, 30.01.2019

Wenn Investoren pfeifen, springt die Stadt
Zur Bonner Großbaustelle Nordfeld am Bonner Hauptbahnhof

Erschienen mit drei weiteren Leserbriefen im General-Anzeiger; 7.02.2019, S. 28

Die Diskussionen um die Vorgänge am Nordfeld (trauerfarbige Fassade statt helle Steine wie geplant) oder Nachforderungen in Höhe von bis zu 10 Millionen lenken mal wieder die Aufmerksamkeit auf das Verhältnis der Stadt Bonn zu ihren geliebten Investoren.

Großinvestoren in Bonn können sich glücklich schätzen. Die Stadt legt ihnen gerne einen roten Teppich aus und bietet ihnen attraktive Grundstücke und Bedingungen. Wenn das den Investoren noch nicht genug ist, können sie hoffen, dass die Stadt ihnen nachträglich auf andere Weise, „durch Versehen" oder „weil ihr ein Fehler unterlaufen ist" entgegenkommt.

Nur einige Beispiele: Die millionenschwere Nachforderung des Düsseldorfer Investors „Die Developer" für Residualkosten wegen Bunkerresten im Boden der Bauflächen. Wer konnte denn schon wissen, dass an dieser Stelle beim Bau der U-Bahn Bunker eingebaut worden sind?

Die millionenschweren Forderungen des Investors des Rhein-Palais am Bonner Bogen für die Kosten der Altlastensanierung, weil die Bonner Stadt sich vertraglich verpflichtet hat, diese zu übernehmen.

Die Übereignung des Filetgrundstücks am Erzbergufer durch Verkauf an einen Hotel-Investor statt durch Erbpacht, weil „durch Versehen" die Stadt in der Ausschreibung die Priorität für Erbpacht nicht aufgeführt hatte.

Der Bau von Lidl- und dm-Filialen in Beuel-Ost, obwohl dort die Ansiedlung von Einzelhandel nicht erlaubt ist. Der Verwaltung ist dabei nach eigenem Eingeständnis „ein Fehler unterlaufen". Wenn Investoren pfeifen, springt die Stadt.

Hans-Reimar von Mutius, Bonn

Chance vertan

General-Anzeiger,
28.02.2019

Leserbrief zum Artikel „Streit um Farbe der Klinker"

Man mag sich über die geplante Fassadenfarbe des „Lifestylehauses" ärgern und den Verlust von rund zehn Millionen Euro für die Stadt Bonn beklagen, den zusätzliche Residualkosten voraussichtlich verursachen – die tatsächliche Misere ist weitaus schlimmer. Die einmalige Chance wurde vertan, vor dem Hauptbahnhof für die Stadt ein attraktives Eingangsportal mit „Empfangscharakter" zu schaffen, das heißt: einen großzügigen, funktionalen Bahnhofsvorplatz mit bequemen Zugängen zum Bahnhofskomplex, genügend Platz für Fußgänger und Radfahrer, einen gut begehbaren Busbahnhof mit S-Bahn-Haltestelle, eine integrierte Parkanlage mit Sitzbänken und Außengastronomie.

Die Häuserfassaden der Maximilianstraße hätten einen schönen Hintergrund hierfür geboten, das Ganze eventuell eingefasst von zwei kleineren Gebäuden in Richtung Thomas-Mann-Straße beziehungsweise vom Kaiserplatz, wo einst die „Kaiserhalle" stand. Was jetzt vor dem Hauptbahnhof an Massivbauten hochgezogen wird (im Hinblick auf das Mikroklima ohnehin bedenklich), widerspricht dem vielfach geäußerten Willen Bonner Bürger, etwa bei der „Bürgerwerkstatt" 2006. Dass bei einer Neugestaltung der Bahnhofsvorplatz zu einer Aufweitung der Poststraße schrumpfen würde, hätte sich damals kaum jemand vorstellen können. Schuld daran ist nicht irgendein Investor, sondern der mangelnde Gestaltungswille von Entscheidungsträgern in Politik und Verwaltung – nach dem Motto: „Bonn hat kein Geld, wir können nichts machen." Das Ergebnis ist demnächst zu besichtigen. Bleibt nur zu hoffen, dass sich das überbaute „Bonner Loch" nicht als ein weiteres „Millionengrab" entpuppt.

Prof. Heinz Schott,
Bonn

Museumsmeile bis in die Innenstadt

Antwort auf zwei Leserbriefe vom 10. August, die sich mit der Bebauung des Bahnhofsvorplatzes in Bonn beschäftigt haben.

Mit Genugtuung habe ich die Leserbriefe zur Kenntnis genommen und finde damit meine Kritik aus dem Jahre 2018 bestätigt. Ein Bahnhofsvorplatz ohne diese „ungemütlichen Klötze" von Maximiliancenter und Urban Soul, dafür aber mit „gepflegtem Bonner Loch", hätte meiner Vaterstadt nicht nur besser zu Gesicht gestanden, nein, auch das ohnehin nicht besonders gute Klima in unserer Region hätte so etwas luftiger und erfrischender gestaltet werden können.

Bleibt zu hoffen, dass das immer noch offene Thema „Viktoriakarree" nicht mit ähnlichen Problemen belastet wird, sondern man endlich eine Lösung findet, die Bürger und Gäste zufriedenstellt und bei der das Stadtmuseum – eine Einrichtung, die über 2000 Jahre Heimatgeschichte dokumentiert – der Mittel- und Anziehungspunkt hinter dem Alten Rathaus wird, in direkter Nähe zum Rhein, der Uni und dem Hofgarten. Damit könnte man das „schmudelige Karree", wie es inzwischen schon tituliert wird, aufwerten, indem die Schwimmhalle mit den jetzigen Räumlichkeiten kombiniert würde. Ideen dafür gibt es bereits seit Jahren. Den besten Beweis für eine solche Nutzung liefert das Schifffahrtsmuseum in Duisburg. Und damit würde die Museumsmeile bis in die Innenstadt reichen. Es ist kaum vorstellbar, täte Bonn aber mehr als gut.

Franz Rübenach, Bonn

Leserbrief im General-Anzeiger vom 19.08.2019

Als Architekt disqualifiziert

Ein Leserbrief zum Artikel „Der nächste Schritt am Hauptbahnhof" im General-Anzeiger vom 2. November.

Uns ist unverständlich, wie der General-Anzeiger dermaßen unkritisch über das Richtfest für „Urban Soul" berichten konnte. Herr Wens disqualifiziert sich selbst als Architekt, wenn er meint, dass sich die Architektur nahtlos in das Stadtgefüge integriert und mit dem Umfeld harmonisiert.

Zwischen den phantasielosen Urban Soul- und Maximilian-Center-Klötzen verbleibt nur ein schmaler, unsymmetrischer Platz, der den Blick auf den schönen Bahnhof teilweise versperrt. Schleierhaft ist uns, woran sich der dunkle, unfreundliche Klinker, der ohne Rücksicht auf die vielfach geäußerte Abneigung der Bevölkerung gewählt wurde, anlehnen soll.

General-Anzeiger Bonn
6.11.2019, S. 27

Blick auf das Maximiliancenter am Hauptbahnhof. FOTO: WESTHOFF

Die Maximilianstraße ist nun eine dunkle Gasse und ihre schönen Fassaden kaum noch sichtbar. Es zeigt sich einmal mehr der Mangel an fachlicher Kompetenz, Kreativität und gesundem Menschenverstand bei den verantwortlichen Politikern und Behörden, aber auch die Rücksichtslosigkeit der Investoren. Vertan ist die Chance, diesen Stadtteil ästhetisch so zu gestalten, dass er zu einem tatsächlichen „Entree" wird, das dem Charakter und der Atmosphäre der Stadt entspricht.

**Friedbert und Adelheid Landwehr,
Bonn**

Ein ästhetischer Rahmen fehlt

Die Gedanken einer Leserin zu „Urban Soul" gegenüber dem Hauptbahnhof und zum Remigiusplatz.

Die Nordüberbauung am Bahnhof erschreckt schon jetzt ankommende Gäste. Die Gesamtgröße dieser mit dunklen Klinkern versehenen Investoren-Knast-Architektur löst Entsetzen aus. Warum haben die Stadtverantwortlichen beim ersten angebrachten Klinker keinen Baustopp erwirkt? Zum Stadtbild kommt hinzu, dass heute der letzte noch so kleine Freiraum zugestopft wird. Die Außengastronomie tentakelt sich immer mehr in den öffentlichen Raum.

Die sogenannte Neugestaltung des Remigiusplatzes ist ein Fiasko. Der neue „Kiosk" ist ein Container, unmöglich positioniert, vorne Beethoven, hinten Pissoir und davor die postgelbe neue Beethovenstele. Unzumutbar für den historischen Platz, die angrenzenden Häuser, den dortigen Einzelhandel, für Bonner und Besucher. Anderes Beispiel: Wer kümmert sich um den seit vielen Monaten trostlosen Zustand der reparaturbedürftigen Baumscheiben auf dem Münsterplatz? Weder unsere Stadtplaner, Citymarketing noch die Politik scheinen zu verstehen, dass Freiräume, Ruhezonen, Ruhezeiten und gepflegte Grünflächen, gut gestaltete und einladende Plätze für eine Innenstadt immer wichtiger werden und so für eine hohe Verweil- und Aufenthaltsqualität sorgen? Es fehlt ein ganzheitliches Konzept, ein gestalterisch ästhetischer Rahmen.

Heidemarie Weide, Bonn

General-Anzeiger
6.12.2019, S. 33

„Urban Soul"
oder
„Investoren-Knast-
Architektur" ?

Endergebnis – So sieht's aus

Maximilianstraße wird zur hohlen Gasse

General-Anzeiger 4.12.2019, S. 7

FERTIGSTELLUNG IM KOMMENDEN JAHR

Ärger um Fassadensteine

Noch stehen die Bauzäune, doch **im kommenden Jahr** sollen die Gebäude von Urban Soul gegenüber dem Hauptbahnhof fertig sein. Das City Office mit Parkgarage an der Rabinstraße soll seinen Betrieb im zweiten Quartal 2020 aufnehmen, das Lifestyle-House zur Poststraße und das Hotel zur Thomas-Mann-Straße im Laufe des Jahres folgen.

Für Verärgerung bei einigen Kommunalpolitikern hatte die Auswahl der Klinkersteine Anfang des Jahres gesorgt. Sowohl Henriette Reinsberg (CDU) als auch Elisabeth Struwe (Allianz für Bonn) forderten die Verwaltung auf, mit dem Bauherrn über die Steine zu sprechen. Die Ausgewählten seien **wesentlich dunkler** und rustikaler, als es in überarbeiteten Visualisierungen aussah. Bei der Auswahl blieb es dennoch. Während der Vorplanung hatte der Investor von seiner ursprünglichen Idee, eine Betonprägefassade zu bauen, auf Wunsch der Politik Abstand genommen und auch seine Visualisierungen überarbeitet. kph/lis

Hohle Gasse: Die alten Fassaden verlieren durch den Neubau an Geltung. Hier der Blick hin zur Thomas-Mann-Straße. FOTO: BENJAMIN WESTHOFF

Erlös für Stadtkasse schmilzt

Urban Soul: Nach dem Verkauf holt sich der Investor wegen Altlasten zehn Millionen Euro zurück

Die Fassade des Urban-Soul-Neubaus am Hauptbahnhof ist inzwischen fertiggestellt.
FOTO: BENJAMIN WESTHOFF

Hierzu schreibt Andreas Baumann in seinem Artikel zu Beginn:

"**Bonn.** Der Verkaufserlös, den die Stadt mit Flächen auf dem Nordfeld am Hauptbahnhof vermeintlich erzielt hat, schmilzt dahin. Dem Urban-Soul-Investor ist es gelungen, deutlich höhere Erschließungskosten vom Kaufpreis abzuziehen, als die Kommune erwartet hatte. Von den vereinbarten 23,5 Millionen Euro für die Grundstücke bleiben damit höchstens 13,5 Millionen Euro für die Stadtkasse übrig – möglicherweise auch noch weniger". **[General-Anzeiger, 14.01.2020]**

Zum Bauprojekt Rhein-Palais am Bonner Bogen heißt es in einem Kasten: "Ähnlich gelagert ist der Fall beim Bauprojekt Rhein-Palais am Bonner Bogen. [...] Der Bauherr fordert die Erstattung von Entsorgungskosten und Gründungsmehrkosten. [...] Nach GA-Recherchen droht der Stadt ein Minus von mehr als 18 Millionen Euro. hol"

Von GA-Redakteur
Andreas Baumann

Nie wieder so ein Fiasko

Wieder droht ein Grundstücksverkauf, der üppige Einnahmen in die klamme Stadtkasse spülen sollte, zum Fiasko zu werden. Wie schon am Bonner Bogen haben es die Verantwortlichen in der Stadtverwaltung auch beim Nordfeld am Hauptbahnhof offenkundig nicht verstanden, einen für die Kommune vorteilhaften Vertrag mit dem Investor aufzusetzen. Dass die Stadt am Ende statt 23,5 Millionen womöglich nur etwa sieben Millionen Euro bekommt, ist an dieser Stelle besonders bitter: Denn mit dem unfreiwilligen Preisnachlass erkauft die Kommune sich noch nicht einmal einen städtebaulichen Glanzpunkt. Der Komplex Urban Soul, der lang und massiv vor die schönen alten Fassaden der Maximilianstraße gepflanzt worden ist, dürfte wohl niemals einen Architekturpreis gewinnen.

Stichwort: Residualkosten

Dass ein Investor zum Beispiel die Altlastenentsorgung vom Marktwert eines Grundstücks abziehen können muss, wird niemand bestreiten wollen. Wenn aber die vereinbarten Residualkosten von 4,3 Millionen Euro zulasten der Kommune sich beinahe vervierfachen können, dann stimmt etwas mit dem Vertragswerk nicht – das die Stadtverwaltung übrigens unter Verschluss hält, was Journalistenrecherchen schwierig macht. Es kann und darf nicht sein, dass das Risiko bei einem solchen Grundstücksgeschäft allein beim Steuerzahler liegt. Klar: Hätte die Stadt die Residualkosten im Vertrag gedeckelt, hätte der Investor versucht, den Kaufpreis zu drücken. Die Frage bleibt, ob eine Kommune, in der es an Bauflächen mangelt, bei einem so großen Areal in lukrativer Innenstadtlage und in Zeiten von Niedrigzinsen nicht am längeren Hebel gesessen hätte. Jetzt sitzt dort der Investor.

Steil und rutschig

Eine weitere Meinung zu „Beschwerden über rutschige Treppen" vom 4. Januar.

Bei der ersten Benutzung der neuen Treppe, noch als Provisorium, habe ich mir gedacht: „Mannn, die Treppe ist aber sehr steil und verdammt rutschig." Nun, da die Treppe fertig gestellt ist, frage ich mich wie man einen solchen Mist bauen kann? Es mag ja sein, dass die Treppe nach irgendeiner Norm noch dem zulässigen Verhältnis von Tritthöhe zu Tritttiefe entspricht und auch die entsprechende Rutschhemmung aufweist.

Das heißt aber im Umkehrschluss nicht, dass man diese Treppe nicht weitaus weniger steil und durch einen anderen Bodenbelag mit höherer Rutschhemmung wesentlich besser begehbar hätte machen können – nein, sogar müssen. Es ist nur eine Frage der Zeit, bis sich jemand auf dieser Treppe die Knochen bricht.

**Ralph Vianden,
Bonn**

General-Anzeiger, 13.01.2020, S. 28

Urban Soul wird keinen Architekturpreis gewinnen

Leserbrief im Generalanzeiger, 18.02.2020

Wie Recht hat GA-Redakteur Andreas Baumann mit seiner Feststellung, dass der Komplex Urban Soul wohl keinen Architekturpreis gewinnen wird.

Vielmehr noch: Die Verantwortlichen der Stadt müssten jeden Tag an diesem „Schandfleck vorbei getrieben werden" – denn bereits im Entwurfsstadium, also auf den Plänen und Entwürfen, hätte selbst jeder Laie erkennen können, was da einmal entsteht.

Nun haben wir Bürger diese Bausünde und dürfen uns täglich daran erfreuen. Stattdessen hätte man Teile dieses Geldes in einen sinnvollen Erhalt des Stadtmuseums im Viktoriakarree investiert, statt die Zukunft dieser Kulturstätte für unser mehr als 2000 Jahre altes Bonn einfach zu ignorieren.

Franz Rübenach, Bonn

Residualkosten für Urban Soul ("Städtische Seele")

General-Anzeiger, 18.02.2020

(siehe hierzu Leserbrief auf der vorigen Seite)

Die Bonner Stadtverwaltung steht wegen des Bauprojekts Urban Soul gegenüber vom Hauptbahnhof in der Kritik. Dabei geht es um Residualkosten in Millionenhöhe. Zwei Leser zum Bericht und Kommentar vom 14. Februar.

In Bonn wird gebaut, und schon wieder entwickelt sich ein Vorhaben zum Nachteil der Stadt und der Bonner. Es entsteht dann ein Gebäude in austauschbarer Architektur. Vergleicht man Fotos zum Beispiel der Poststraße aus den 1960er Jahren mit dem heutigen Bild, so scheint es gängiges und gewolltes Prinzip zu sein, stilbildende, charakteristische Architektur aus dem Stadtbild zu entnehmen. Dazu wird auf Anwohner bei Baulärmbelastung, zügige Durchführung einer Maßnahme, maßvolle Kostenbeteiligung, Transparenz schaffende Information sowie bürgerorientierte Bebauung nur wenig Rücksicht genommen.

Es scheint fast so, als würden zuständige Planungsämter für sich selbst, für die Umsetzung eines internen Spiels bauen.

Es ist kaum zu erwarten, dass sich daran etwas ändert. Hierzu trägt auch die anscheinende Kolonialherrenmentalität der Baufirmen bei. Hier entsteht leider der Eindruck, als würde die Stadt Bonn so angesehen, dass man sie mit ein paar billigen Geschenken ausbeuten könne.

Bedauerlicherweise lässt die Stadt das mit sich machen. Und die nächsten Heuschreckenschwärme kommen bestimmt. Aber bitte: Bonn hat es nicht nötig sich mit Klötzen bebauen zu lassen und dafür auch noch naiv zu bezahlen. Es braucht Menschen, die für Bonn und die Bonner bauen.

André Vogel, Bonn

Klage über "monströsen Betonklotz"
und "Verschleudern von städtischen Grundstücken"

General-Anzeiger, 9./10.04.2020

Als ich seinerzeit erstmals den monströsen, endlos erscheinenden Betonklotz im Rohbau sah, konnte ich nicht fassen, was sich da Hässliches vor mir ausbreitete. Angerichtet, nein verbrochen, von meiner Stadt Bonn. Beim Lesen des Leserbriefes und jedes Mal, wenn ich in Bahnhofsnähe bin, machen sich Wut und Ohnmacht in mir breit. Nun haben wir dieses Mal mit einem XL-Skandal im Doppelpack zu tun: dem finanziellen und dem ideell-ästhetischen. Zum Zweiten: An diesem Monster kann niemand mehr vorbeigucken. Wir Bonner und alle Bahnhofnutzer müssen sich diese einfallslose Wucht an Beton von nun an antun. Eine schlimme Vorstellung.

Marlies Petry Ausserhofer, Bonn

Stadt Bonn: Verschleudern von städtischen Grundstücken und städtischem Geld, nicht genügend Wohnraum für breite Bevölkerungskreise, kein Konzept für Bodennutzung und Flächenbevorratung für öffentliche Einrichtungen, unterlassener Bau von U-/Straßenbahnstrecken, kein Konzept für die nachhaltige Stadtentwicklung zugunsten der Bürger und der örtlichen mittelständischen Wirtschaft. Und die Skandale: Rhein-Palais, Urban Soul, Beethovenhalle und viele andere mehr. Die Politik hat es sich leicht gemacht, indem sie den WCCB-Skandal als Einzelfall darstellte. Es ist eine seit Jahren fortlaufende Serie von Skandalen. Sie alle sind zu verantworten von den Politikern, die im Rat die Mehrheit bilden und auch die Qualität der Verwaltung bestimmen. Wetten: Bonn bekommt auch noch den „Aire"-Turm in der Rheinaue, der die Bonner zum Träumen bringen soll. Und was machen die Bonner Bürger?

Dr. Berthold Becher, Bonn

Blick über den Tellerrand

„Nachhaltige Stadtplanung in der Stadt Zürich, 2005"

Nachhaltige Stadtplanung

Nachhaltige Stadtplanung soll die räumlichen Voraussetzungen für eine wirtschaftliche Entwicklung, eine hohe Lebensqualität und den Schutz der natürlichen Lebensgrundlagen schaffen.

Die Stadtplanung folgt dem Ziel, die Gestaltung der Stadt nach den Bedürfnissen der Bevölkerung auszurichten sowie eine hohe Lebensqualität beizubehalten und auszubauen. Dabei sind der Schutz der menschlichen Gesundheit sowie die Förderung sozialer und kultureller Werte besonders wichtig. Auf der ökologischen Seite stehen sowohl der Schutz natürlicher Lebensgrundlagen und der Natur als auch der sorgsame Umgang mit den Ressourcen im Vorgrund.

Eine hohe städtebauliche Qualität bildet die Grundlage für eine lebenswerte Stadt. Sie zeigt sich darin, dass die verschiedenen Handlungsfelder bestmöglich aufeinander abstimmt sind. Ausgehend vom Bestand ist die Stadt an die neuen Anforderungen anzupassen.

Dabei sind die bestehenden städtebaulichen Strukturen weiter zu entwickeln. Bebauung und Freiraum sind aufeinander abzustimmen und so zu gestalten, dass sie Identität und Qualität schaffen. Über die architektonische Qualität wird sichergestellt, dass die einzelnen Bauten und Aussenräume auch in der detaillierten Gestaltung den Anforderungen genügen.

Die Geschichte der Stadt wird durch die kontinuierliche Entwicklung und Anpassung nachvollziehbar und prägt die Identität. Bei der Weiterentwicklung der Stadt ist auf das kulturelle Erbe Rücksicht zu nehmen, denn es trägt besonders zur Identifikation bei. Einmalige Bauten und Anlagen sind zu schützen und in die Planung zu integrieren.

Gross- und kleinräumige Nutzungsmischung: eine Voraussetzung für die «Stadt der kurzen Wege», die Vermeidung von zusätzlichem Verkehr und für eine urbane und vielschichtige Stadt mit hoher Interaktionsdichte.

(Aus dem Bericht „Nachhaltige Stadtplanung in der Stadt Zürich, 2005", der Bericht ist erhältlich beim Amt für Städtebau, Sekretariat Stadtplanung der Stadt Zürich, Tel. 044 216 29 31)

Anton Ladner

Wenn Bürger aufstehen

In Zürich entsteht ein neues Hochschulquartier für etwa sechs Milliarden Franken. Geplant wurden hohe Bauten, die das Stadtbild massiv verändern sollten. Das Volk hat zu diesem Vorhaben nichts zu sagen. Drei Senioren im betroffenen Quartier Fluntern ging das zu weit. Sie machten mobil -mit erstaunlichem Erfolg.

Ein Rückblick: Das heutige Hochschulquartier in Zürich, das sich sanft den Zürichberg hochzieht, war früher ein grüner Hügel mit wenigen Bauernhäusern. Erst in der zweiten Hälfte des 19. Jahrhunderts liessen sich dort wohlhabende Zürcher schöne Villen errichten. Weiter unten entstanden auf leicht erhöhter Lage das Polytechnikum (1864) und später der Universitätsbau mit dem imposanten Turm, der 1908 von den Stimmberechtigten beschlossen wurde. Die Raumbedürfnisse der beiden Institutionen nahmen rasant zu, was über die Jahre zu einer massiven Ausdehnung im Quartier führte, das heute ein Hochschulcampus ist. Dennoch platzt dieser aus allen Nähten. Laut einem Grundsatzentscheid des Zürcher Regierungsrats wird sich der Hochschulcampus in den nächsten Jahrzehnten massiv weiterentwickeln. Bis 2030 sollen die Flächen um 40 Prozent und die Zahl der Studentinnen und Studenten sowie der Angestellten um mehrere Zehntausend zunehmen.

In einem Masterplan wurden deshalb 2014 Neubaubereiche festgelegt. Dem Regierungsrat schwebt «ein modernes städtisches Hochschulgebiet vor, in welchem sich Forschung und Lehre optimal und im Austausch mit der Gesellschaft entfalten können». Schlüsselprojekte sind ein Spitalneubau und ein zeitgemässes universitäres Lehr- und Lernzentrum auf dem Areal. Der Geschäftsmann und ehemalige Präsident des Quartiervereins Fluntern Thomas Holzer, die Architekten Matthias Hürlimann und der Architekt Heinz Oeschger, die im Hochschulquartier leben und arbeiten, nahmen das gigantische Bauvolumen unter die Lupe und kamen bald zum Schluss: viel zu hoch, viel zu massig, ein enormer Schaden für die Hanglage. Sie gründeten deshalb 2015 die Arbeitsgruppe besorgter Bürger (AGBB) und informieren seit Herbst 2016 auf einem Blog *(www.uniklotz.ch)* kompetent über die Mängel der Projekte und vor allem über deren Auswirkungen auf das Quartier. Am Anfang war es ein Kampf gegen Windmühlen. Die Warner von Fluntern wurden wenig gehört, gaben aber nicht auf. Beharrlich blieben sie am Ball, verfolgten die Entwicklung und kommentierten sie mit viel Sachverstand. Sie forderten, dass bei den neuen Bauten dem Stadtbild Rechnung getragen werde und deshalb die Höhenplafonds der Gebäude nicht über 480 Meter über Meer liegen dürften . Die kantonale Baudirektion wollte nämlich 32 Meter höher bauen. Zudem forderten die drei, dass das alte Spitalgebäude, das von den Architekten Häfeli, Moser, Steiger realisiert wurde, nicht unter absoluten Denkmalschutz gestellt wird. «Wir sind keine Verhinderer, der Neubau ist richtig, aber die Entwicklung nicht», erklärte die Aktionsgruppe immer wieder. «Es geht uns nicht um das Ob, sondern um das Wie.» 2016 begannen die Zürcher Medien die Problematik zu begreifen und publizierten entsprechende Artikel.

Die Baudirektion wollte im Februar 2017 die Teilrevision des Richtplans zum Hochschulgebiet im Kantonsrat schnell durchboxen, die

Zürcher Stadtregierung ins Schlepptau nehmen und mit dem Bau beginnen - ohne Volksentscheid. Sie hat dabei die AGBB unterschätzt. Diese gründete mit betroffenen Anwohnern einen Verein, der sich mit zwei weiteren Interessensgruppen aus Anwohnern zusammenschloss, und führte Beschwerde gegen das Hochschulprojekt beim Baurekursgericht. Als Anwalt war Peter Heer der Badener Kanzlei Voser im Einsatz, der bereits das Projekt für eine verfehlte Blockrandbebauung «Ringling» am Hang von Höngg zu Fall gebracht hatte. Ende März 2018 hat Peter Heer wieder vor dem Zürcher Baurekursgericht gewonnen. Das Gericht hat drei der insgesamt sechs Gestaltungspläne im Hochschulgebiet aufgehoben.

Schlappe für Baudirektion

Die Richter kamen zum Schluss, dass das Vorgehen des Kantons Zürich zur Errichtung des Hochschulgebietes nicht rechtens sei, weil der Kanton der Stadt Zürich vorschreiben wollte, wie die Bau- und Zonenordnung zu gestalten sei. Das hat die Stadtregierung einfach geschluckt, aber nicht der Verein um die AGBB. Das Gericht entschied, dass zuerst die Stadt handeln müsse. Das war eine grosse Schlappe für den Kanton und die Stadtregierung in Sachen Demokratieverständnis. Denn gegen die Bau- und Zonenordnung Hochschulgebiet des Stadtparlaments kann das Referendum ergriffen werden. Damit gerät das Hochschulprojekt unter demokratische Kontrolle. Die kantonale Baudirektion hat deshalb gegen das Urteil rekurriert, aber zwischenzeitlich eine Pause beantragt, um mit dem Verein um die AGBB zu verhandeln. Denn vor drei Wochen haben die ausgewählten Stararchitekten ihre Entwürfe für die zwei Schlüsselprojekte präsentiert, deren Höhe Streitpunkt war.

Die Architekten Herzog & de Meuron haben alles unternommen, um in ihrem Projekt für das universitäre Lehr- und Lernzentrum Wässerwies das Gebäude mit einem Höhenplafond von 476 Meter über Meer zugunsten des Stadtbildes in Schranken zu halten. Heinz Oeschger von der AGBB kritisiert jedoch das Spitalprojekt von Christ & Gantenbein mit Höhen von 497 Meter über Meer: «Wie in Zürich üblich, wurde vom Veranstalter des Wettbewerbs zu viel auf zu kleinem Baufeld verlangt. Kongresshaus, Landesmuseum und Kunsthaus sind die anderen Fälle.» Für die AGBB ist auf dem Spitalareal das Werk – trotz guter Arbeit von Christ & Gantenbein -«noch nicht gelungen ». Die geplanten Bauten von 33 bis über 40 Meter Höhe müssen im Hang stehen, weil weit über die Hälfte des Spitalareals durch das geschützte alte Spital von Häfeli-Moser-Steiger besetzt ist. Aus diesem Grunde ist die ganze Anlage aus Platzmangel zusammengepresst und steigt deshalb in die Höhe. «Jetzt ist der Moment gekommen, zwei der drei Trakte des alten Spitalbaus zu opfern, um mehr Baufläche in der Ebene zu gewinnen», sagt Oeschger von der AGBB. Deshalb wird nun weiter mit der Baudirektion verhandelt. Denn solange der Rekurs beim Baugericht hängig ist, darf nicht gebaut werden.

Die AGBB hofft auf ein «Learning from Herzog & de Meuron», konkret auf eine tiefere Einbettung des Spitalneubaus im Gelände, damit die Bauten von aktuell 497 auf 480 Meter über Meer schrumpfen. Das dürfte den drei Kämpfern Holzer, Hürlimann und Oeschger auch noch gelingen. Fest steht bereits jetzt: ein hervorragendes Lehrstück in Bürgerinitiave.

Von links: Die Architekten Matthias Hurlimann, Heinz Oeschger und der Kaufmann Thomas Holzer freuen sich über den Erfolg bei Baurekursgericht.

Der ursprünglich geplante Klotz am Hang hätte das Stadtbild von Zürich massiv verändert. Noch offen ist die künftige Höhe des Spitalneubaus (Pfeil). Christ & Gantenbein müssen im Hang eine Höhe von 497 Meter über dem Meer realisieren. Die AGBB fordert 17 Meter weniger.

Wiederabdruck aus "Doppelpunkt" Nr. 05/2019;
mit freundlicher Genehmigung der Redaktion

Heinz Schott

Bahnhöfe mit Vorplätzen
Einige Fotos zum Vergleich

Wer öfter mit der Deutschen Bahn unterwegs ist, wird bald feststellen, dass kaum ein Hauptbahnhof in einer Stadt von vergleichbarer Größe wie Bonn bzw. der Stadtbezirk Bonn so zugebaut ist wie hier. Von einem Platz kann weder vor noch hinter dem Bahnhof die Rede sein. Wer aus dem Hauptportal des Bonner Hauptbahnhofs tritt, steht direkt auf den Schienen der Straßenbahn und muss -- zumindest gegenwärtig (2020) -- Autostraßen überqueren, um zum Busbahnhof zu gelangen.
Dass es auch anders geht, zeigen die folgenden Beispiele.

Bahnhofsvorplazt Erfurt Hbf (Foto: Jürgen Voss, 2013)
Mit freundlicher Genehmigung von Jürgen Voss/Architekturfotografie, Hannover

Bahnhofsvorplatz Göttingen Hbf (2010)
Bildquelle: https://commons.wikimedia.org/wiki/File:Bahnhof_G%C3%B6ttin-gen_August_2010.JPG

Bahnhofsvorplatz Mainz Hbf; Panoramabild (2010) - Screenshot
Bildquelle: https://www.stadtpanoramen.de/mainz/hauptbahnhof.html

Bahnhofsvorplatz Schwerin Hbf (2012)
Bildquelle: https://de.m.wikipedia.org/wiki/Datei:ESML_Schwerin_Hauptbahn-hof_Grunthal-Platz.jpg

Bahnhofsvorplatz Wiesbaden (2013)
Bildquelle: https://commons.wikimedia.org/w/index.php?curid=25950056

Bahnhofsvorplatz Würzburg Hbf (Foto: Thomas Obermeier, 2018)
Bildquelle: https://www.mainpost.de/regional/wuerzburg/Bahnhofsplatz-Baeume-statt-Buden;art735,9966748

"Bahnhofsvorplatz" Bonn Hbf (Foto: H. Schott, 18.12.2019)

Schlussbemerkung der Herausgeber

Bonner Bahnhof ohne Vorplatz – Warum? Unser Büchlein kann diese Frage nicht beantworten. Wenn wir aus dem Hauptportal des Hauptbahnhofs treten, erblicken wir links und rechts riesige Baukörper, die gerade noch Platz für einen trichterförmigen Zugang zur Poststraße lassen. Wir müssen auf dem schmalen Bürgersteig stehen bleiben und warten, bis die Ampel auf Grün schaltet. Unmittelbar vor unserer Nase fahren Straßenbahnen, Busse und Autos vorbei, hin und wieder auch Radfahrer, die sehr aufpassen müssen, nicht unter die Räder anderer Fahrzeuge zu kommen. Der rechts abseits liegende Busbahnhof ist nicht einfach zu erreichen und auf engem Raum zusammengedrängt. Eine anstehende Neugestaltung wird kaum etwas an dieser wenig erfreulichen Situation ändern können.

Warum musste es so kommen? Wer ist daran "schuld"? Wir stehen vor einem Rätsel. Vielleicht bleibt es investigativen Journalisten in fernerer Zukunft überlassen, über Ursachen und Hintergründe aufzuklären, die uns verborgen geblieben sind. Dabei wäre der Frage nachzugehen, wer von dem Resultat in welcher Form profitiert hat. Wer die Verlierer sind, ist offensichtlich. Es sind die Bürger, die auf eine funktionierende Infrastruktur angewiesen sind. Aber wer sind die Gewinner?

Inhalt

Der Hauptbahnhof und sein Vorplatz: Zur Einführung

Umstrittene Pläne, Bürgerbegehren, Bürgerwerkstatt (1998-2008)

Vom "Bonner Loch" zur "Urban Soul"
(2014-2020)

Zu den Herausgebern:

Dr.rer.nat. *Günter Bergerhoff* ist Professor em. für Anorganische Chemie an der Universität Bonn.

Dr.med.Dr.phil. *Heinz Schott* ist Professor em. für Geschichte der Medizin an der Universität Bonn.

Zu den Autoren:

Viele Beiträge dieser Dokumentation wurden von Mitgliedern des Vereins Pro Bahnhofsvorplatz Bonn bzw. der Aktionsgemeinschaft Bahnhofsvorplatz verfasst. Darüber hinaus enthält sie auch anderweitige Beiträge, die ihren Gegenstand aus unterschiedlichem Blickwinkel beleuchten.

Aus Kostengründen erscheinen die Abbildungen dieser publizierten Dokumentation in Schwarz-Weiß. Die Herausgeber verfügen über das entsprechende PDF mit allen Abbildungen in Farbe, die ursprünglich in Farbe vorlagen.
Kontaktadresse: heinz.schott@yahoo.de

Ringen um Millionen-Forderung

Städtische Rechnungsprüfer bemängeln Abrechnung der Residualkosten für Urban Soul

Überschrift eines Artikels von Andreas Baumann
im General-Anzeiger, 26.03.2020
dazu sein Kommentar (unten) sowie ein Textkasten (letzte Seite)

Risiko war zu groß

Das Projekt Urban Soul entwickelt sich zum handfesten Finanzskandal auf Kosten der Steuerzahler. Schlimm genug, dass die Residualkosten, die den Verkaufserlös für die städtischen Grundstücke dahinschmelzen lassen, aus undurchsichtigen Gründen von erwarteten rund drei Millionen Euro auf derzeit 12,5 (mit den Kosten für öffentliche Flächen sogar 14,5) Millionen Euro gestiegen sein sollen. Das wirklich Erschütternde ist, dass die Stadt die Forderungen des Investors „Die Developer" wohl nicht einmal angemessen nachprüfen kann und in einer denkbaren gerichtlichen Auseinandersetzung höchstwahrscheinlich den Kürzeren ziehen wird.

Das liegt am Kaufvertrag, der weder eine Deckelung der Residualkosten noch konkrete Vorgaben zu deren Abrechnung rechtsverbindlich vorschreibt. Das ist nicht nur für die städtischen Rechnungsprüfer „inakzeptabel". Mag ja sein, dass der Investor mit Abbruch der Kaufverhandlungen gedroht hat. Mag auch sein, dass die Verwaltung unter Zeitdruck stand, weil das Bauprojekt schnell umgesetzt werden sollte. Doch dieser faule Kompromiss war viel zu riskant, wie heute eindeutig bewiesen ist. Auch wenn der damals federführende Liegenschafts-Abteilungsleiter inzwischen ausgeschieden ist, sollte der Rat aufklären, wer für dieses Desaster verantwortlich ist. Oder waren die Fraktionen über das Risiko im Vertrag informiert? Oberbürgermeister Ashok Sridharan, zu dessen Dezernat das zuständige Amt für Wirtschaftsförderung gehört, würde gut daran tun, öffentlich für Aufklärung zu sorgen, sobald eine Einigung mit dem Investor erzielt worden ist.

ABZÜGE VOM KAUFPREIS

Erlös für die Stadtkasse schmilzt dahin

Für die Grundstücke auf dem sogenannten Nordfeld war laut städtischer Unterlagen ein Preis von rund 23,5 Millionen Euro vereinbart. Neben inneren Residualkosten gehen davon Leistungen ab, die „Die Devoloper" für die Kommune erbracht haben: zum Beispiel 2,7 Millionen Euro für den Umbau der Wache Gabi und 200 000 Euro für die Rolltreppe an der Poststraße. Einen Abzug von 2 Millionen Euro kündigt der Investor zudem für äußere Residualkosten an – die Herrichtung öffentlicher Flächen (Bahnhofsvorplatz, Rabin-, Maximilian- und Poststraße). Innere Residualkosten sind mit 12,5 Millionen in Rechnung gestellt. Der Investor behält sich vor, weitere Kosten nachzureichen. Residualkosten über 960 000 Euro, die die Verwaltung „vorläufig ablehnen" will, könnten trotzdem fällig werden, sofern „Die Developer" die Abrechnung nachschärfen. bau

Freier Blick vom Hauptbahnhof zur Häuserfassade der Maximilianstraße, jetzt vollständig verdeckt von der "Urban Soul", die sich nicht nur für die Stadtkasse als ein schlechtes Geschäft herausgestellt hat. (Foto: H. Schott, 8.02.2018)